西游记者

1

翻个筋斗去日本

恐龙小 Q 儿童教育中心 编

天地出版社 | TIANDI PRESS

目录

日本初印象

人类最近几百年来的发展超出了神佛两界的预料，他们对当今的世界充满了好奇和疑惑。为了更多地了解人间，玉皇大帝和如来商量，派使者游历新世界。

师父，这里怎么这么多汉字？

日本的文字是在汉字影响下催生并发展的。

日本文字大量借鉴中国汉字结构，街头招牌大多是手写体，字体形态各异，充满古韵和个性色彩。

哎哟！你们哪里来的，不知道走路靠左走吗？

在日本，人们习惯靠左行走和行车，坐扶梯时也是靠左站立。这点与中国人的习惯刚好相反，要特别注意哟。

为更新对当今世界的认知，决定派你们师徒四人重新游历世间，记录风土景致，人文地理。

遵命！

这次不用我们沿途化斋了吧？

唉，回来给你们报销就是了……

于是，师徒四人再次踏上了"取经"之旅。第一站他们选择了与中国关系密切的日本。

师父快看！下面就是日本了！

居然直接趴在路边喝水，不怕拉肚子吗？

日本的自来水干净卫生，可以直接饮用，街头经常会有水龙头供人们解渴。

好别致的井盖啊，我的搜集强迫症要犯了，我要把它们都画下来！

在日本，井盖有着城市名片的作用，上面所绘的标志性建筑和特色景点体现了这个城市的历史文化特点。不少人来到日本都会和漂亮的井盖留个影。

日本特色美食

很别致的饭馆，就这里吧。

欢迎欢迎，快请进吧。

我的天，终于可以吃饭了。

鞠躬是日本最常见的礼仪之一，不同场合鞠躬的幅度不一样，大致分为15°、45°和90°，度数越大代表越恭敬。

传统的日本餐厅具有浓郁的民族特色，外部造型古朴，内部大量使用原木色，配上灯笼和字画，具有静谧的美感。

几位吃点什么？我们的寿司、刺身和天妇罗都是很棒的呢！

猴哥，你知道这些是什么吗？

这有何难，看我的。

好奇怪的名字啊！

天妇罗 = 裹上面浆的油炸食品，材料可以是鱼类、海鲜和各种蔬菜。

刺身 = 切得薄薄的生鱼片 + 各种酱料。

原来如此！

日式拉面 = 熬制的骨汤或鱼汤 + 面条 + 各种时蔬。

寿司 = 裹有馅料（生鱼片、海鲜、腌菜、黄瓜等）的米饭 + 紫菜或海苔。

寿司、刺身、拉面和天妇罗都是日本的特色食物。日本饮食不仅注重食物的营养均衡，而且以精致著称，十分注重视觉美感，对配色、切割、摆放都很讲究。

由于四面环海，日本多山地、丘陵，耕地和草原很少。人们的主食是米饭，很少吃猪肉和牛羊肉，基本每天都要吃鱼。日本人有吃生鱼片的习惯，认为鱼肉生食更能保留营养，同时也热衷于新鲜的时令蔬果。

唐僧笔记

　　旅途的第一站我们来到了日本，街头汉字让我有种亲近感。这里的饮食健康悦目，口味以清淡为主，保留了食物原味，很合我的胃口。点心精致、软糯香甜，小朋友们肯定喜欢。八戒想吃鱼，幸好被悟空拦下，不然我可能会很纠结。

垃圾分类

日本是一个资源严重短缺的国家，有着很强的资源危机意识，把垃圾视为放错地方的资源。因此他们对垃圾分类和回收利用极为重视。

这街上连个垃圾桶都没有，我可不是故意乱扔的。

这位先生，你怎么把垃圾扔地上呢！

啊？八戒，你怎么乱扔垃圾啊！

我也不想啊，但走了这么久都没看到一个垃圾桶……

前面拐角处就有，请跟我来吧。

那个糕点盒是可回收的，扔进绿色垃圾桶。

天啊，怎么……又突然冒出这么多垃圾桶，我该扔到哪个桶里啊？！

好像确实有点儿多啊……

 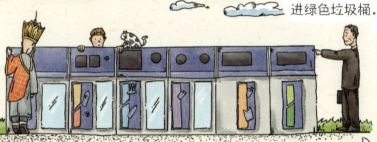

你们看起来不像本地人啊。

哦，我们是西游国际的记者，来这里报道异国文化的。

对对对！

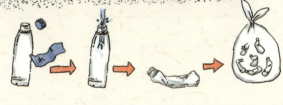

除了在学校或车站等一些公共场合，日本的街道很少能看到垃圾桶，纸巾、零食包装等垃圾需要带回家。日本的垃圾分类已经细致、严格到苛刻的地步。比如扔一个饮料瓶，需要先把它拆成瓶身、瓶盖和塑料标签三部分，然后才能扔。

悟空观察

根据老孙对垃圾箱的观察，日本人把生活垃圾分为可燃、不可燃、资源型、有害型、超大型和不能回收型等几大类。

我是这里一所小学的校长，如果不介意，欢迎你们到我家坐坐。

多谢多谢，我们正在考虑住宿的问题呢。

特殊垃圾的回收方式

刀片、碎玻璃等危险物品，要包好后写上"危险"字样；计算器、废电池、灯管等有害垃圾要带到专门地点统一回收；家具、家电等大件垃圾回收之前要先打电话预约；还有些物品需收取处理费。

每个日本家庭都有一个垃圾分类回收日历，上面列有怎么分类、收垃圾的时间等信息。

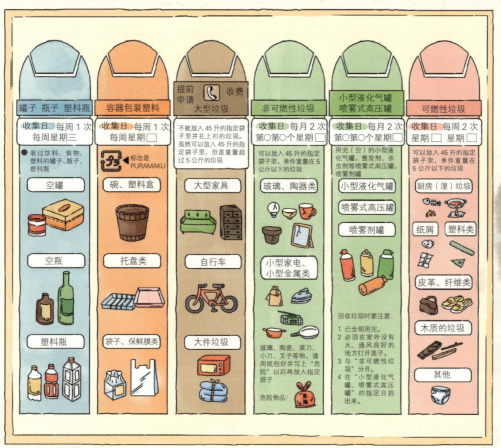

罐子 瓶子 塑料瓶	容器包装塑料	提前申请 收费 大型垃圾	非可燃性垃圾	小型液化气罐 喷雾式高压罐	可燃性垃圾
收集日 每周1次 每周星期三	收集日 每周1次 每周星期□	不能放入45升的指定袋子里并扎上扣的垃圾。虽然可以放入45升的指定袋子里，但是重量超过5公斤的垃圾	收集日 每月2次 第○第○个星期□	收集日 每月2次 第○第○个星期□	收集日 每周2次 星期□ 星期□
● 装过饮料、食物、塑料的罐子、瓶子、塑料瓶	标志是 PURAMAKU		可以放入45升的指定袋子里，单件重量在5公斤以下的垃圾	用完（空）的小型液化气罐，整发剂、杀虫剂等喷雾式高压罐，喷雾剂罐	可以放入45升的指定袋子里，单件重量在5公斤以下的垃圾
空罐	碗、塑料盒	大型家具	玻璃、陶器类	小型液化气罐	厨房（湿）垃圾
空瓶	托盘类	自行车	小型家电、小型金属类	喷雾式高压罐 喷雾剂罐	纸屑 塑料类
塑料瓶	袋子、保鲜膜类	大件垃圾	玻璃、陶瓷、菜刀、小刀、叉子等物，请用纸包好并写上"危险"以后再放入指定袋子。危险物品！	皮革、纤维类 木质的垃圾 其他	

回收垃圾时要注意：
1 已全部用完。
2 必须在室外没有火、通风良好的地方打开盖子。
3 与"非可燃性垃圾"分开。
4 在"小型液化气罐、喷雾式高压罐"的指定日扔出来。

乱扔垃圾违法

日本对垃圾处理已经上升到法律层面，在公共场合乱扔垃圾可被判处监禁并处高额罚金。

在日本，学校和社会从小就会向孩子们讲解资源、环境与人类的关系，很多动漫中也会告诉孩子们，环境的破坏和资源的浪费会给人们带来多大的灾难，如《风之谷》《幽灵公主》等。

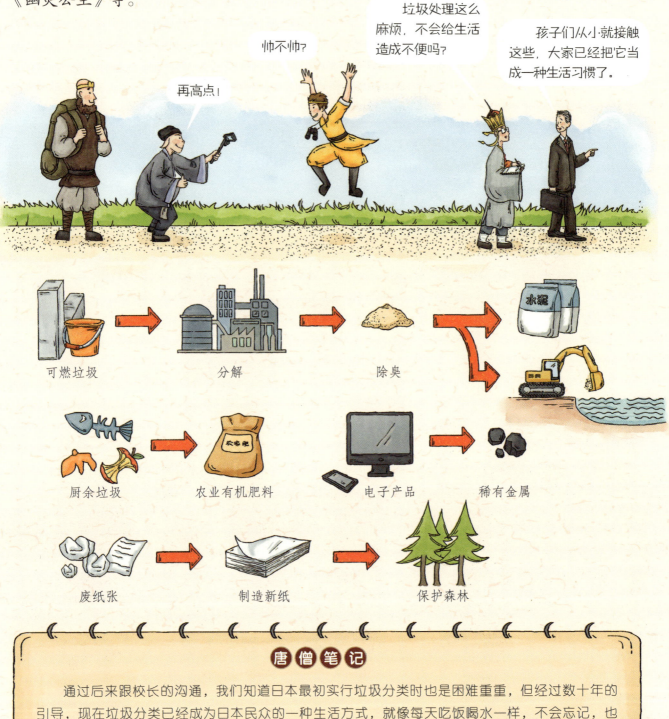

再高点！

帅不帅？

垃圾处理这么麻烦，不会给生活造成不便吗？

孩子们从小·就接触这些，大家已经把它当成一种生活习惯了。

可燃垃圾　　分解　　除臭

厨余垃圾　　农业有机肥料　　电子产品　　稀有金属

废纸张　　制造新纸　　保护森林

唐僧笔记

通过后来跟校长的沟通，我们知道日本最初实行垃圾分类时也是困难重重，但经过数十年的引导，现在垃圾分类已经成为日本民众的一种生活方式，就像每天吃饭喝水一样，不会忘记，也很少出错了。

日本的居家生活

日本国土面积狭小，人口众多，土地稀缺，人们的居住空间非常紧凑。同时日本地震多发，为减轻伤害，传统日式建筑大多是木质结构，内部家具的材料也多选用竹木。

下沉式玄关

延伸阅读

女性的名字中，很多都带"子"字；男性名字中很多带有"郎"字，这是日本姓名的一大特色。

下沉式玄关

传统的日式房屋室内地面往往会比室外地面高出10厘米，玄关下沉。这样可以防止泥土、灰尘进入室内，高出的台阶在换鞋时还能起到板凳的作用。日本多用木质地板，地板高出地面，可以隔绝寒气和湿气。

13

为了尽可能合理地利用每一寸空间，日本人在生活中十分重视整洁、条理，因此他们很会收纳，发明了很多节省空间的"神器"。

移门

常见的门需要预留一定空间作为开关范围，而移门则不需要，避免了空间的浪费，这也是日式建筑中的一个核心元素。

榻榻米

榻榻米具有地毯、凳椅、沙发等多种功能，还可以作为床。

矮桌

偏低的桌椅让室内显得更加宽敞，日本人习惯席地而坐，这样也便于日常活动。

收纳工具

衣物、厨具、餐具等都被整齐地摆放在众多的收纳盒、收纳袋中，视觉整洁，使用方便。

开放式厨房

开放式厨房同样是出于节省空间的考虑，日本饮食以清淡为主，做饭时很少产生油烟，不必担心油烟的扩散，而且主妇们做饭的同时还能照看孩子，与家人聊天。

洗手间

虽然洗手间的空间较小，但日本人还是将方便区、洗漱区和洗浴区各辟一室，这样即便有人洗浴，也不影响其他人方便、洗漱。

浴室

日本人喜欢泡澡，但泡澡前会先通过淋浴清洗身体，泡澡水一家人重复使用，不清洗身体直接进入浴缸是让人讨厌的行为。泡澡水经过过滤后还可以用来洗衣服，充分体现了日本节俭、环保的理念。

日本人的日常饮食

多谢，多谢！

不要客气，请开动吧。

唐僧笔记

日本人在一起吃饭时习惯先说一声"我准备吃了"或"我要开动了"，这既是为了提醒大家一起用餐，也是一种对食物的尊重。

烤鱼

日本普通人家最常吃的食物之一，种类繁多，有青花鱼、秋刀鱼、鳗鱼和三文鱼等。

麻婆豆腐

许多中国美食和小吃也开始走进日本家庭，饺子、麻婆豆腐、小笼包等，都很受日本人欢迎。

生蛋拌饭

将无菌鸡蛋打在刚蒸熟的热米饭上，拌一拌，直接吃。我们可能吃不太惯，但很受日本人喜爱。

玉子烧

就是日式鸡蛋卷，将鸡蛋、牛奶、盐、味淋（日式调味酒）等混合打散，煎成薄饼，卷好后切开，加上番茄酱口味更好哟。

我来尝一尝。

这盘豆子是？

配菜

在很早以前，日本平民的生活大多很清苦，为了获得必要的营养，日本人用最普通的食材制作出了可以长期保存的发酵食品，它们大多营养丰富，口感很"特别"。

哈哈哈哈！让你贪吃。

哦，这个是纳豆，用来拌饭吃的。

呜……水！水！快给我水！

纳豆

由黄豆发酵而成，味道有点臭臭的，微甜，有很高的营养价值。日本人常用它来拌饭，也可将纳豆和生鸡蛋一起混合。

味增

由大豆、米、麦发酵而成的调味品，香味醇厚，可以增进食欲。味增汤有日本"国汤"的美誉，里面通常会放入豆制品、海带、萝卜等材料，也可加入鱼肉。

米糠腌菜

它在日本日常饮食中占有重要地位，类似于我们的酸菜，口味独特。在米糠中加入萝卜皮、辣椒等材料后发酵成底料，然后把黄瓜、萝卜、卷心菜等放入米糠中腌制。

日本文化的中国渊源

　　茶道、书道和花道，被称为日本的"民间三道"，通俗来讲就是饮茶、书法和插花的艺术。这三种艺术都起源于中国，传入日本后逐渐发展出静、雅、美、和的意境，成为日本人礼仪、文化和修养的代表。

茶道

　　日本茶道源自中国，是一种仪式化的、为客人奉茶之事。它将日常生活行为与宗教、哲学、伦理和美学熔为一炉，成为一门综合性的艺术文化。

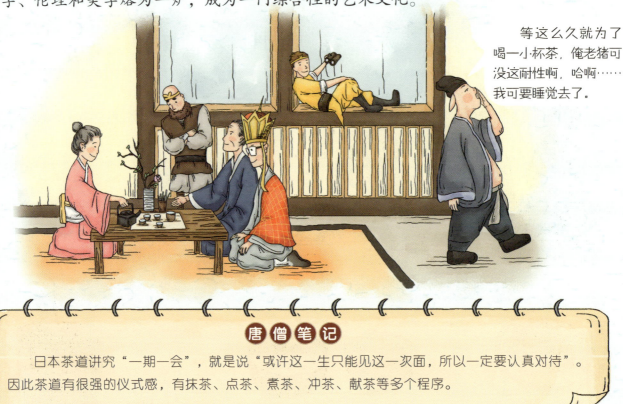

> 等这么久就为了喝一小杯茶，俺老猪可没这耐性啊，哈啊……我可要睡觉去了。

唐僧笔记

　　日本茶道讲究"一期一会"，就是说"或许这一生只能见这一次面，所以一定要认真对待"。因此茶道有很强的仪式感，有抹茶、点茶、煮茶、冲茶、献茶等多个程序。

花道

　　日本花道最早来源于中国隋朝时代的佛堂供花。日本花道中贯穿着仁义、礼仪、言行等元素，同时将造型美、色彩、意境和神韵融合其中，是日本女子教育的一个重要环节。

> 这是我闲来无事插的，让客人见笑了。

> 这束花好别致啊，不像是随便放进去的。

我睡前有写几笔的习惯，这能让人更加平静。

我也好久没有安静地写字了，可否容我献丑？

书道

在日本古代，用毛笔写汉字一度是贵族、官吏们展现自己文化修养的手段，后来逐渐传入武士阶层，成为上层武士必修的一门功课。

师父的笔法堪比唐宋书法大家啊！

过奖，过奖。

嘻嘻，师父又要炫技了，咱们也去睡吧。

哦。

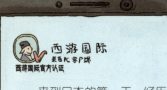

西游国际
西游国际官方认证

来到日本的第一天，经历非常丰富，用了半天的时间逛街，其中跟着师父画井盖占据了大部分时间。吃了两顿日本料理，也见识了日本严苛的垃圾分类。话不多说直接上图，欢迎点赞哟。

日本小学生的生活

在日本，父母和学校会尽可能让孩子自己去完成各种事情，意在培养孩子的独立能力。而且，整个社会已经形成一种共识，对孩子的安全和成长极为重视，所以孩子会有一个较为安全的社会环境。

在日本，学校和家长之间有一种默契，孩子上学、放学都不用大人陪同，住得稍远的学生会和成人一起挤公交，日本父母将这视为"迈入社会的第一步"。有些地方也会让高年级学生引领附近的低年级学生，以此培养他们的责任心。

在没有交通指示灯的路口，两边放有许多黄色旗子，叫"横断旗"。孩子拿着旗子过马路时司机们必须停车避让。到达对面后，孩子向司机们鞠躬致谢。即便在没有任何设施的路口，司机们看到孩子也会主动减速、停车。

日本小学生的日常装备

在保障学生安全方面，日本也做了周全的考虑，单是一个书包就功能多样。

悟空观察

短裙短裤是日本校服的特点之一。

外壳坚硬，遇到地震时可以用来保护头部。

装满书的情况下也可以在水中漂浮。

不慎被汽车撞到时，能够起到很好的保护学生的作用。

书包中还装有定位系统和警报设备，遇到危险和突发状况时按下警报，家长、学校和安全部门都能及时收到。

书包带有反光涂层和荧光带，无论白天还是晚上都能够引起车辆注意。

校服具有很强的识别性，能很好地引起人们注意，保障学生安全。

帽子一般使用黑、红、黄等醒目的颜色。

日本小学生们的书包造型基本相同，没有太多花样，但功能全面。

好厉害呀，真可算作孩子的一件法宝了。

日本小学生的日常课程

日本小学是六年制，日语、数学、美术、音乐和体育是每个年级必学的。1～2年级的小朋友还会学生活课，包括体验各种职业、学习各种礼仪和观察自己照顾的动植物等；高年级开始学理科、厨艺课和社会体验课等。

	Mon	Tue	Wed	Thu	Fri
1	日语	道德	日语	数学	数学
2	数学	社会	数学	书法	综合
3	音乐	日语	体育	日语	音乐
4	数学	体育	日语	体育	日语
5	全校集合	综合	音乐	社会	生活
6		美术		美术	

唐僧笔记

日本四面环海，地震多发。游泳和灾难逃生技巧也是日本小学会特别教授的。

工厂、垃圾处理场、敬老院、商店等都是学生们的课堂。有些学校会有自己的农场，里面种植各种蔬菜和粮食，在活动课上，老师会带领学生们一起认识、照顾和收获它们，午餐时学生们能吃到他们自己照顾过的蔬菜和饭食。

午餐时间

　　吃午饭了，学生们集体在教室或食堂用餐，由本班轮值的学生到学校厨房将当天的食物运到教室或食堂分发给同学们。食物十分丰富，荤素搭配，营养均衡。

午餐多出来的食物，比如牛奶、面包、鱼排等，可以通过剪刀石头布决定谁可以获得。午饭后，轮值的学生们需要把餐桶、餐盘、牛奶瓶等分类收拾整齐，再送到厨房。

其他学生要把教室或者食堂打扫干净，将课桌恢复原位。之后是休息、游戏时间，然后两点左右开始下午的课程。下午的课程通常只有一到两节，很早就会放学。

动漫世界

哈！不许动，我是来毁灭地球的！

悟空！快来保护师父……

改天真得找老君给师父炼炼眼睛了……

咳！别误会！翔太，不要调皮了！快进来！

大师兄，你怎么现在才回来，早饭时间都过了。

如来和玉帝连注册账号都搞不明白，起个网名还要争执半天。

这是我的孙子翔太，来这里过周末的，刚才不好意思啊。

这叫角色扮演，是不是很酷？

没事、没事，只是他穿得怎么这么与众不同？

　　动漫是动画和漫画的合称，日本动漫在世界动漫领域占有重要地位。作为动漫强国的日本，每年都会有大量关于动漫的活动，也有众多动漫主题乐园，城市街道随处可见动漫元素。

这事怎么能少得了俺老孙。

好哇好哇！

我特地穿这个来参加东京动漫展的，要不要一起去，那里还有更酷的呢！

啊？咳咳……那种小孩子玩儿的地方为师就不去了，我更愿意跟校长聊聊文化。

额……那我陪师父吧。

东京动漫展

　　世界上最有影响力的动漫展之一，全球顶尖的动画、漫画、玩具、游戏等领域的数百家企业都会参展，每年也都会有数万动漫迷从世界各地赶来。

COSPLAY

　　也叫角色扮演，利用各种服装、道具、饰品，通过化装手段扮演动漫、游戏等虚拟世界中的角色。

周边

　　与动漫相关的产品，如具有动漫元素的文具、抱枕、衣服、扭蛋、手办、玩具等。

日漫名家

手冢治虫

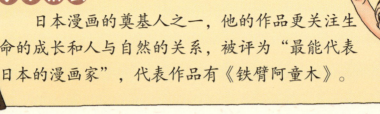

日本漫画的奠基人之一，他的作品更关注生命的成长和人与自然的关系，被评为"最能代表日本的漫画家"，代表作品有《铁臂阿童木》。

宫崎骏

日本动漫界的传奇人物，其作品大多以梦想、环保、和平为主题，在世界动漫界有着举足轻重的地位，代表作品有《龙猫》《千与千寻》《霍尔的移动城堡》《起风了》等。

鸟山明

日本著名漫画家，他的代表作《七龙珠》的故事围绕主人公孙悟空展开，是一部关于冒险、成长、努力、勇气与友情的漫画书。

岸本齐史

日本著名漫画家，他在代表作品《火影忍者》中构建了一个宏大、奇幻，充满热血、信仰和友情的忍者世界。许多人对日本忍者的第一印象就来源于此。

这边还有更好玩的呢，可惜后天就是儿童节了，我得提前回家。

这算什么难事，明天我们带你回去，一眨眼的功夫就到了！

你不信？闭上眼睛，看俺老孙的。

嗨，你们回来了。

师父呢？

哇，真的啊！你是怎么做到的？你们是魔术师吗？

狮驼岭那叫一个凶险，现在想起来都打冷战呢……

师父在讲西天取经的事？

额……跟藤原先生在书房聊了快一天了，午饭都是在书房吃的。

他俩怎么用真名啊？

快看，好多人在下面评论呢！

估计是因为要实名制吧，反正用真名也没人信。

八戒的微博
西游国际官方认证

日本小学生有很好的独立自主能力。当然，这也和人们对儿童教育以及儿童安全的普遍重视分不开。

超越次元，畅游动漫世界

秋叶原

日本动漫文化胜地，满大街都是动漫元素，随处可见各种角色扮演者，如同进入了一个二次元世界。

> 师父，我今天能跟他们一起去吗？

> 我想带孙先生和猪先生去秋叶原玩儿。

> 可你爸妈说你明天得回去过儿童节，今天中午就得回去了啊！

> 好吧。

> 没事没事，到时我们送翔太回去，误不了事儿。

> 藤原先生，咱们接着昨天的说。

> 好啊好啊。

二次元世界

二次元世界是相对于我们现实世界而言，指动漫中的虚拟世界。同时它也代表了动漫迷们对唯美世界的想象，类似于童话世界。

> 这里就是二次元迷的"朝圣圣地"秋叶原！

> 你们速度那么快，那不如咱们就多玩儿几个地方。

> 好啊，到这儿听你的。

杉并动画博物馆

日本最受欢迎的动画博物馆之一，被誉为"动画之城"。在这里可以看到动漫的历史和动漫的未来，了解动漫创作过程，还可以亲自体验动画制作、为动画配乐。

J·WORLD 主题乐园

一座以《海贼王》《七龙珠》《火影忍者》等超人气漫画为主题的大型室内乐园。你可以在这里化身为漫画中的一员，探寻惊险奇妙的世界。

这个当然得由俺老孙来闯关了！

东京 Hello Kitty 乐园

满眼尽是可爱的 Kitty 猫元素，游乐设施、餐厅、咖啡厅、表演舞台等一应俱全，被称为"一座用爱建造起来的乐园"。

海贼王主题乐园

以漫画《海贼王》的场景打造的主题公园，你可以在这里体验各种与海贼王相关的游乐设施，观赏现场娱乐表演，试用索隆和其他角色的武器，到 TONGARI 岛上来一次机关冒险，坐上海军三大将的宝座。

日本儿童节

哇，真的回来了，鲤鱼旗都已经挂好了呢。

日本有三个儿童节，分别是男孩节、女孩节、男孩女孩的共有节日，而且每个节日孩子们都会放假。

挂鲤鱼旗的习俗源于"鲤鱼跃龙门"，寄托了长辈们望子成龙的心情。一般用布或绸做成空心鲤鱼，黑色代表父亲，红色代表母亲，青蓝色等冷色代表男孩，橙色、粉色等暖色代表女孩。

这位就是翔太爷爷电话里提到的孙先生吧，快请进！

多谢您送翔太回来，给您添麻烦了。

爸妈，我回来了。

不麻烦，不麻烦。

您先休息一下，马上就可以吃午饭了。

多谢，多谢。

五月人形是一种人偶，形象大多是日本古代的英雄以及传说中的人物。这些人偶身穿战甲、手持武器，呈现出生动可爱的孩子造型。

快看快看，这是我最喜欢的人偶哟。

翔太，今天是儿童节，你有什么愿望吗？

嘻嘻，这有何难，看，这是越光宝盒，可以去任何时代。

我很想看看古代的武士是什么样子的，但这是不可能实现的。

来来来，快来吃粽子了。

耶！太棒了！我要带上 DV（数字摄像机），可不能空手而回。

不过咱们得吃过午饭再走。

日本的端午节是从中国传入的。日本端午有吃粽子和柏饼的习俗，但他们不是用糯米来包粽子，而是用磨碎的米粉，包成圆锥形。柏饼是一种用大米粉做成的点心，外面用槲栎叶包裹。

呃……这是粽子？你们儿童节吃粽子？

对呀，我们儿童节和端午节都是5月5日。

这个饭团是用槲栎叶包裹的，也是我们端午节的一大特色呢。

悟空观察

槲栎叶在新芽生出前，老叶不会掉落，在日本有子孙繁荣的寓意。

菖蒲是日本端午节的必备物，人们认为菖蒲有避邪祛疫的作用，在端午喝菖蒲酒、洗菖蒲澡可以避免邪魔侵袭。

在日语中菖蒲的读音与"尚武"接近，因此，在日本的一些地区，端午节会有小孩子头戴菖蒲钵卷，手持"菖蒲刀"，玩菖蒲合战的游戏。

哇，外面好热闹啊，这些孩子是在干吗？

他们在玩菖蒲合战的游戏，我很喜欢这个游戏。

在日本除了每年5月5日的"男孩节"，还有另外两个儿童节，分别是雏祭和七五三节。

雏祭又叫女儿节、桃花节，在每年的3月3日。父母会在这天为女儿设置阶梯状的陈列台，由上至下，摆放独具日式宫廷风格的精致人偶。

在古代日本，人们认为可以将身上的霉运、疾病等转移到一种用纸制作的"人形"上，放到河里冲走，后来发展出人偶，装饰在家。

每年的11月15日是日本的七五三节，这一天3岁、5岁的男孩和3岁、7岁的女孩都会穿上传统和式礼服，由父母领着到神社参拜祈福。

千岁糖是七五三节的代表食品，长条状的糖被装进画着白鹤和龟、松、竹、梅等吉祥图案的袋子中，寓意孩子健康长寿。

武士

日本武士在日本历史上占有重要地位。

你想去哪个时代？

要看武士当然是去战国时代了。

定位时间坐标，日本战国时代。

什么是武士

在日本历史上，有三大幕府时期（镰仓幕府、室町幕府、德川幕府），这一时期战乱不断，日本被各方的将军控制，武士作为将军的私人武装备受尊崇。

天啊，真不敢相信……哎！这些武士好像没有我想象中的高大呢。

悟空观察

根据对古代日本铠甲的复原参照，古代日本武士的平均身高约为1.5米。

武士装束

日本武士铠甲是日本独有的铠甲形式，具有极强的民族特色。

日本铠甲的头盔叫作兜，最具特点的是造型各异的前立和夸张的面罩。

前立使人显得更加高大，也可以用于区分阵营。

面罩可以对敌人产生威慑作用，上面的毛发可防止雨水、尘土等进入眼睛或嘴巴。

日本是典型的岛国环境，为了防潮防腐，他们会在盔甲上涂五颜六色的油漆。

太刀

一种具有较大曲度的日本弯刀，适用于骑马战斗，装备时刀口向下，挂在腰间。

长兵和弓箭

除了标志性的太刀，适合骑兵作战的长柄刀枪和弓箭也是武士的必备装备。

悟空观察

这种铠甲只有中上层武士才穿得起，下层武士的盔甲以竹或皮做的为主，防护性能差一些。

日本武士常服

月代头

古代日本武士所梳的头型。为避免战争搏杀中，头发因各种原因散落，遮住视线，影响战斗，于是将头顶中前部的头发剃掉，这样戴头盔时也更方便。

打刀

打刀是日本武士的代表性武器，长度和曲度相对太刀较小，适合步兵战，佩带时一般刀刃向上插于腰带之内。这样便于拔刀后迅速完成一次斩击。

胁差

与打刀一同携带的短刀，战斗中可用作备用、格挡和辅助攻击。

家纹

家纹是一种用图形表现的姓氏，在古代日本只有贵族才有姓氏和家纹。佩戴家纹体现了庄重，大家族的家纹则体现了身份和荣誉。

嘿，真正的武士是不会这么轻易就拔刀的。

大人饶命，我真不是故意冲撞到您的。

是的，大人！在下惭愧。

斩舍御免

武士地位高于平民，武士之间也有严格的等级，他们对名誉和尊严极为重视。武士拥有"斩舍御免"的特权，只要武士认为某人对自己无礼，就可以杀死他而不用负责。因此，大部分的百姓看到武士都绕道走。

小编插话　武士的时代早已过去，如果你想了解更多，可以前往东京的日本武士博物馆参观。

你为什么要来战国呢？听着可是很危险的时代啊。

确实，战国可以说是日本历史上最混乱的时代，战争频繁。

那你还？

但正是因为这样，才出现了许多著名的武将。

悟空阅读

日本战国时代是指 1467 年至 1600 年或 1615 年的一百多年。这段时间日本各地诸侯割据，战乱频发，也因此出现了不少日本历史上的名将。虽然也叫战国，但与我们的春秋战国相差很远，日本的战国大约处于我们的明朝时期。

刚才的马队就是武田家的，但跟上去会被发现吧。

这个容易，我把越光宝盒设置到旁观模式就好了。

现在没有人能感知到我们，但我们也无法触碰到这里的任何东西。

也就是说，就算我现在站在别人眼前，也不会被发现？

武田信玄是日本战国时期甲斐国著名的政治家、军事家，具有非凡的军事才能和治理才能。他一生征战，少有败绩，因此被称为"甲斐之虎""战国第一名将"和"战国第一兵法家"。

上杉谦信是日本战国时代名将，指挥的战斗胜多败少。上杉谦信极重信义，是武田信玄的重要对手。同时，他还具有较高的文化造诣，是当时少有的文武兼备的名将。

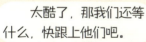

太酷了，那我们还等什么，快跟上他们吧。

你带领 12000 人马，趁夜奇袭上杉军后方，行军疾如风，进攻侵如火，务必将他们赶出营地。

遵命！

我带领本部 8000 人马在此按兵不动，届时前后夹击，消灭上杉军。

什么风啊火啊山啊的？

哈哈哈哈，这是出自我们的《孙子兵法》，这家伙还有点儿意思嘛。

"风林火山"出自中国著名的兵法经典《孙子兵法》，是一套军队行动的规范。它要求部队急行时像风一样迅速，缓行时像树林一样从容有序，进攻时像火一样猛烈，驻防时像山一样稳固。《孙子兵法》传入日本后对日本军事家们产生了深刻影响，尤其是武田信玄。

不好了，上杉军万余人马直朝我大营杀奔过来了！

什么？！竟然识破了我的"啄木鸟战法"。

啄木鸟战法？

就是模仿啄木鸟先敲击树干，让虫子逃出来，然后在洞口等待吃掉虫子。

看来这个上杉谦信并不是一只虫子啊。

那当然，他们可是旗鼓相当的名将，好多次交战都是胜负各半。

对方是什么阵型？

像是车悬之阵。

部队变阵，鹤翼阵迎敌！变阵徐如林，绝不可混乱！

真想去看看这两个阵法啊！

你确定？战场可不是小孩子该去的。

拜托让我去嘛，我一直向往成为英雄，被无数人崇拜呢！

真正的战场可不是游戏，随时会失去生命的啊。

但我们是隐身的，没人能伤到我们，对吧？

好吧，那就让你去见识一下，什么是战争。

哇！好壮观啊，这就是车悬之阵和鹤翼阵。

那我们下去吧。

"车悬之阵"最早是中国西汉名将霍去病与匈奴对战时使用的。军队像车轮一样转动，不断对敌方施加压力，己方则因为轮番出击可以得到休息，恢复战斗力。这是一种强大的战阵，但要求主将有高超的指挥能力。

"鹤翼阵"是一种常见阵型，形状像白鹤展翅一样，两只翅膀可以对敌方进行两侧包围。

如果你是实体，失去生命的就是你了。

那是因为我不够厉害，不然一定能一往无前的。

这些倒地的士兵也有自己的梦想，甚至只希望做一个普通的父亲、丈夫或者儿子，但战争让他们失去了一切。

我明白了，我会像英雄那样勇敢无畏，但不会再对战争有什么幻想了。

哈哈哈哈！甲斐之虎，今天饶你一命。

你看，那个骑白马的就是上杉谦信！太帅了！

报！我军大队奇袭人马已接近上杉军后方。

好！传达各军，随我反击！

43

文化和习俗的东京·一日游

东京是日本首都，是日本金融、时尚和流行文化的中心。如果说京都代表了日本的传统，那么东京就代表了日本的未来。

东京塔

东京塔是参照巴黎埃菲尔铁塔建造的，它除了发送电视广播电波，地震时还可以向列车发出停止信号，同时还可作为飞机航标。塔上设有瞭望台，天气晴朗时站在上边可远眺富士山。整个东京塔夜晚通常会发出红色和橙色光芒，夜幕中如同刚从熔炉中取出的一般，是日本工业时代的代表作品。

晴空塔

晴空塔也叫"天空树"，高达634米，几乎是东京塔高度的2倍。塔里面的透明高速电梯上升速度可达每分钟600米，在塔身350米处有一个展望台，可以从透明的玻璃地板直接看到最底层。晚上的晴空塔灯光以淡雅的蓝、紫、绿为主，如同透明的水晶柱，不同于东京塔热烈的色彩，而更具科技感和现代感。

六本木新城

六本木新城将日本对21世纪城市建设的构想变成了现实，成为东京新的"文化中心"。主楼森大厦上有一座360度环视的室内展望台，可以全景观赏东京美景，这里也是东京国际电影节主会场之一。看到这只大蜘蛛，就说明你找对了地方。

浅草寺

日本著名景点之一，距今已有 1000 多年历史。门口的"雷门"灯笼和风、雷二神雕塑很有特色。

忠犬八公像

很著名的小景点，如果你知道这个经典的故事，不妨去看看相关电影，友情提示：请自备纸巾。

银座

世界最著名的商业区之一，日本繁华商圈的代表，聚集了世界各地的高档商品。

科技东京

日本非常重视机器人技术的发展，是目前机器人技术最为发达的国家之一。日本的孩子从小就在动漫当中与机器人为伴，如各种炫酷的机甲战士、无所不能的机器猫等。

台场

台场是一座完全由城市垃圾填海而成的人工岛，是东京最新的娱乐场所集中地，尤其受到年轻人的青睐，如今已成为各国游客到东京观光的必到地之一。

神田神社

神田神社距离秋叶原不远，距今已经有近1300年的历史，但里面有很多二次元色彩，而且是一座可以为电子产品祈福的神社。

三座自由女神像

自由女神像是美国的标志性建筑，而在法国的塞纳河畔也有一座自由女神像，这是美国赠给法国的礼物，用以纪念法国大革命100周年。法国的自由女神像曾在日本展示了约1年时间，后来，日本就以这座自由女神像为模型做出复制品，安放在台场海滨公园。

独角兽高达机甲，位于东京台场购物中心的高达广场，高约 19 米，可变身为"毁灭模式"，夜晚会有炫酷的灯光表演。

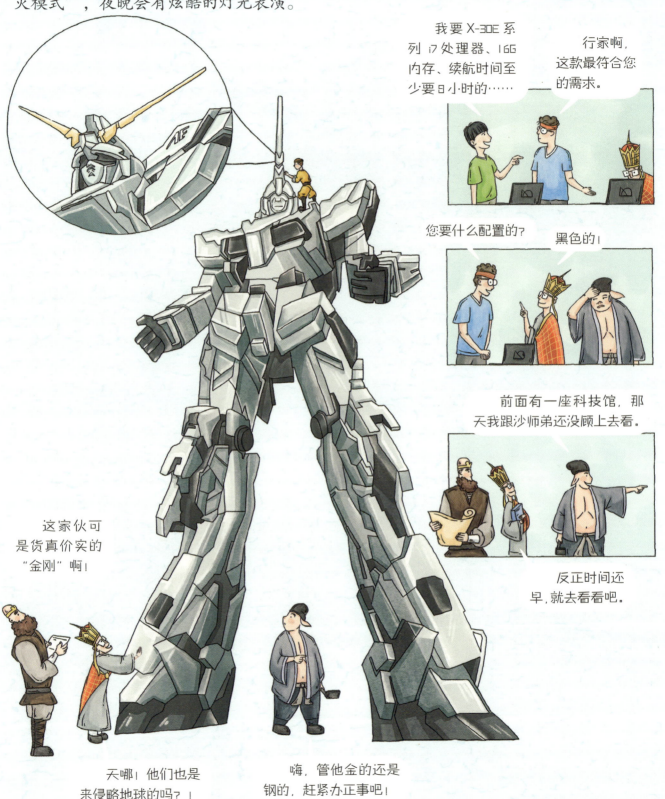

我要 X-30E 系列 i7 处理器、16G 内存、续航时间至少要 8 小时的……

行家啊，这款最符合您的需求。

您要什么配置的？

黑色的！

前面有一座科技馆，那天我跟沙师弟还没顾上去看。

反正时间还早，就去看看吧。

这家伙可是货真价实的"金刚"啊！

天哪！他们也是来侵略地球的吗？！

嗨，管他金的还是钢的，赶紧办正事吧！

日本科技未来馆

这是一座展现科技与人类生活、人类与自然密切关联的展馆，可以让人们在亲身体验尖端科技的同时，思考人类、科技与自然的未来。这里还有VR（虚拟现实）影院、商店和餐厅等设施。

Geo-Cosmos

这个"地球"悬挂于科技馆中央，由大约100万片LED（发光二极管）显示器组成，展现气象卫星拍下的地球变化。

触觉控制机器宠物：从哪边抚摸它，它就转向哪边。

坐式自动平衡车

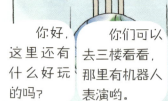

你好，这里还有什么好玩的吗？

你们可以去三楼看看，那里有机器人表演哟。

悟空，你看得这么专注，难道她有什么问题？

你们好，我是阿莫西，是未来馆的科学交流员。

哇！真的会说话呀！

没事、没事，不是妖怪。

阿莫西身高 1.3 米，能跑能跳，还会爬楼梯、跳舞、踢足球等。阿莫西身上装有传感器，拥有 360 度全方位感应，可以眼观六路并柔和快速地运动，还可以跟小朋友们一起玩耍。

嗨，阿莫西，你就不能多说几句吗？每次都这么介绍我。

我的"中枢模式发生器"让我有了"自发意识"，可不像这家伙只能按程序一步一步执行任务。

这是 Alter，一个很"特别"的机器人，比我还厉害的。

我的天哪！我以为阿莫西就已经够厉害了。

Alter 相比其他机器人更有"灵魂"，这是机器人技术的巨大进步。2019 年，Alter 的进阶版 Alter3 在日本东京新国家剧院内指挥了一支35人的管弦乐队，同时自己演唱歌剧。

HAL 不仅可以帮助残疾人较为轻松地完成肢体运动，还能增强普通人的力量。

外骨骼机器人 HAL

我感觉到了力量，悟空，借你的金箍棒给为师试试！

还是算了吧，您要出个什么意外，我怎么跟佛祖交代啊。

2010 年，一位双腿瘫痪的日本人曾借助 HAL 成功登上了海拔 4000 多米的山峰，震惊了世界。钢铁侠护甲和冬日战士的机械手臂或许在不远的未来都能实现。

她怎么站着就睡着了？

师父，她也是机器人！

嘿嘿，知道我刚才为什么那么惊奇了吗？

悟空思考

刀枪不入、力大无穷的机甲战士过去只存在于科幻和神话中，而未来智能机器人将不断融入人类生活，你能想象到机器人与人类共处的世界会是怎样的吗？

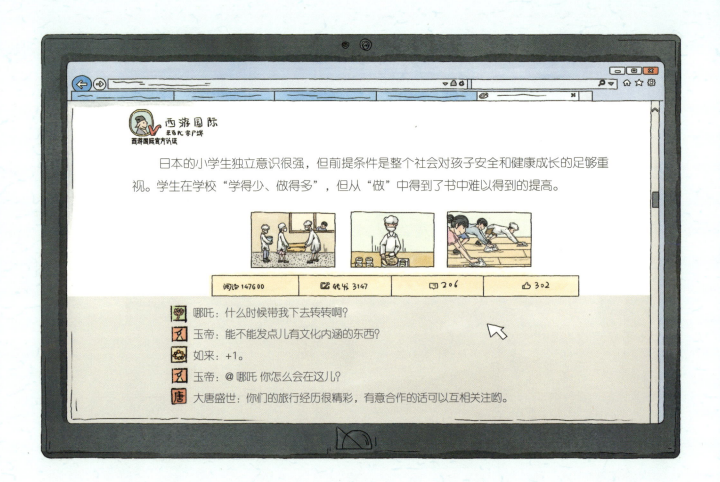

西游国际
西游PC客户端
西游国际官方认证

日本的小学生独立意识很强，但前提条件是整个社会对孩子安全和健康成长的足够重视。学生在学校"学得少、做得多"，但从"做"中得到了书中难以得到的提高。

阅读 147600 | 转发 3147 | 206 | 302

哪吒：什么时候带我下去转转啊？

玉帝：能不能发点儿有文化内涵的东西？

如来：+1。

玉帝：@哪吒 你怎么会在这儿？

大唐盛世：你们的旅行经历很精彩，有意合作的话可以互相关注哟。

师父，咱们在小·学体验生活和我跟沙师弟在东京的照片引发了好多人评论呢。

哪吒也有手机了？

嘿嘿，好不容易回去一趟，怎么能忘记我的好兄弟呢？

哦，怪不得你去了那么久。

53

日本传统文化艺术

能剧是一种融舞蹈、戏剧、音乐和诗歌于一体的舞台艺术，在古代日本只有上层贵族才能欣赏。它是日本最古老的戏剧，也是世界上现存最古老的专业戏剧之一，被称为日本"国粹"。

既然玉帝和佛祖要看有文化内涵的东西，咱们就先去看戏吧！

咱们不带二师兄了吗？

嗨，难得有件事能让那呆子这么上心，就别打扰他了。

况且看戏他也坐不住啊。

嘿嘿嘿，师父，俺老孙更坐不住，要不我也不去了吧？

那不行，万一遇到妖精要害为师怎么办，有你在我放心。

你以为写这本书的是吴承恩吗？

能剧表演的舞台不大，道具简单，通常只有一两个主角参与全部的歌舞表演，再有两三个配角辅助。传统能剧的主题大多是梦境或神怪故事，角色大多是幽灵、鬼怪、神佛等。

表演者身穿华丽的衣服，带着"古怪"的面具、假发，伴随着或长或短、或高亢或低沉的呼喊声，缓慢而富有节奏的鼓声，或清扬或带有颗粒感的笛声，跳着充满古典味和仪式感的舞，将你带入梦境般的感觉。

悟空观察

能剧的戏服大多奢华艳丽，图案考究，而且穿戴步骤非常复杂，常常要几个人帮忙才能穿上。

还真来对了，倒是符合俺老孙的胃口，嘿嘿。

嘿，你拿根棍子杵在这儿干吗！

这让我想到了咱们取经的经历。

是啊，怎么有点吓人啊！

不变中有万变的能面

能面用木头制成，非常轻便，是极为特殊且关键的道具，根据角色和年龄大致可分为六类：尉（老年男性）、男、女、怨灵、鬼神和翁，六类都各有变化。

男面

男面种类很多，包括武将、公卿贵族、少年、盲人等。

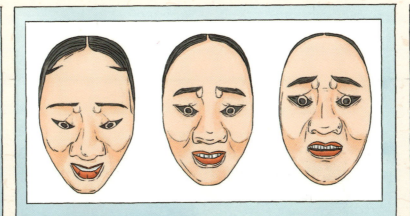

能面带着似笑非笑、似悲非悲的表情，在"无表情"中又包含"无限表情"。角度、灯光的微妙变化都能体现出不同的情感，如抬头表示微笑或大笑，低头表示悲伤或怨怒。

女面

女面眉毛很高，牙齿被涂成黑色，这是模仿日本古代女性的妆容。

鬼神面

用于比较活跃的神灵，如狐神、龙神等。

翁面

由在宗教信仰里担任祭司的巫师使用，戴上面具表示化身为神灵，传达神旨，是能面中最为古老的种类之一。

尉

多用于武将、幽灵、精灵化身的渔夫、船夫、樵夫或身份气质高雅的老人。

怨灵面

大多表现战死沙场的武士之灵，以及因为嫉妒而死的怨女之灵。

小 编 插 话

能剧演员饰演普通男性人物时不戴假面，也不化妆，叫作直面，但演员要控制自己的表情不出现变化，就像戴着面具一样，所以直面也是能面的一种。

狂言与歌舞伎

狂言

　　狂言故事简短，情节简单，人物性格鲜明，往往通过幽默和讽刺的表演展示主题。今天的狂言可以单独演出，也可以和能剧共同演出。狂言因为作品都是取材于民间生活，所以非常受日本普通民众的喜爱。

唐僧笔记

　　狂言最初是能剧的一部分，和能剧放在一起称为"能乐"。能剧歌舞偏重悲剧，狂言则偏重轻松的喜剧。

这个看起来比能剧好多了，刚才吓死为师了。

虽然听不懂在说什么，但他们的表演也挺有意思的嘛。

终于结束了，下面咱们去看看歌舞伎表演吧，听名字应该挺雅致的。

歌舞伎

　　歌舞伎是日本独有的一种民间戏剧表演艺术，已经有400多年的历史。伎就是表演的技巧的意思，贵族和武士的生活和普通民众的生活是它的两大主题。

隈取

　　"隈取"是歌舞伎演员的脸谱，与我们的戏曲脸谱相似，通过色彩和花纹区别人物个性和善恶。

鬼怪　茶色

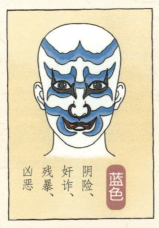

阴险、奸诈、残暴、凶恶　蓝色

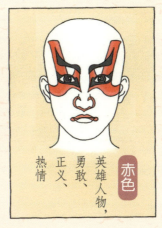

英雄人物，勇敢、正义、热情　赤色

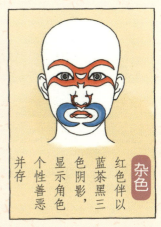

红色伴以蓝茶黑三色阴影，显示角色个性善恶并存　杂色

大惊小怪，京剧里不也有男旦吗？

什么，她是男的？

　　在日本歌舞伎表演的传统当中，所有的角色都是由男人扮演的，扮演女性角色的男演员被称为"女形"。歌舞伎表演舞台宏大，场景多变。如今歌舞伎已经被联合国教科文组织列为非物质文化遗产。

人形净琉璃与浮世绘

人形净琉璃也叫"文乐"，是日本独有的木偶戏，常常配合日本特色乐器三味线进行表演，是日本民间极受欢迎的一种艺术形式，与能剧、歌舞伎并称日本"三大国剧"。

人偶

大型的人形净琉璃几乎有真人那么大，表演时两到三个人全身包裹着黑衣在幕后控制，一人进行弹奏，一人进行说唱，故事题材同样以历史故事和民间传说为主。

木偶的四肢可以灵活转动，做出各种动作。头部有很多小机关可以控制眉毛、眼睛、嘴巴变换出丰富的表情。一些特定故事中的木偶还可以瞬间完成从"少女"到"神怪"的转换。

浮世绘

　　浮世绘是日本最具代表性的传统绘画，已经有300余年的历史。它注重描绘人与人之间的关系，充分展示了日本古代中下阶层人民的生活百态，突出其中美好的事物，极具浪漫色彩。

浮世绘的主题

仕女绘

生活绘　　　　风景绘　　　　歌舞绘

浮世绘的影响

　　传统浮世绘大多主题鲜明，一般不画影子，构图和画面充满动感，在世界上有着广泛的影响力，一些欧洲画家也从浮世绘中获得创作灵感。

你们也太过分了，居然扔下我自己出去玩儿。

八戒，还好你没去，不然肯定会被吓坏的。而且……

为了犒劳你，为师特地给你带回来了一盒关东煮。

真是师父特意给你买的，我跟沙师弟都没吃呢。

关东煮是日本人非常喜爱的小吃，本名御田，是一种源自日本关东地区的料理。

对于八戒，没有什么是一顿美食解决不了的。

国技相扑

日本相扑是两个力士之间的搏斗，也叫"日本摔跤"，源自日本的宗教仪式，已经有上千年历史，有"日本国技"的美誉，是日本文化的重要组成部分。相扑在日本民众心中占有重要地位，又被称为"大相扑"，比赛中许多传统的元素和仪式至今仍被保留着。

八戒，你来对地方了，比起他们你都算苗条的了。

看你们以后还说我胖不！

相扑手

相扑是力量的对抗，所以身材越高大、体重越重越有优势。相扑手的身高通常在1.75米以上，体重在150公斤左右，相当于6个5年级小学生的重量。优秀的相扑手像明星一般受到日本民众尤其是孩子们的喜爱。

相扑手的等级

按照级别，相扑手分为 10 等：序之口、序二段、三段、幕下、十两、前头、小结、关胁、大关和横纲。横纲称号代表着极高的地位和荣誉，受到日本民众的崇拜。相扑手头上的发髻造型也有严格的等级要求。

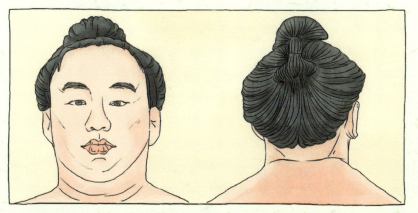

十两及以上的相扑手发髻被梳成银杏叶形状，被称为"大银杏"。

"幕下"及以下只能梳普通发髻。

相扑的比赛场地

整个比赛场地是正方形的，中间被围成一个圆圈，直径 4.55 米，叫土俵，白线两边是双方所处的位置。上面是一个神社造型的屋顶，四角分别吊有红、青、黑、白的流苏，象征四季。

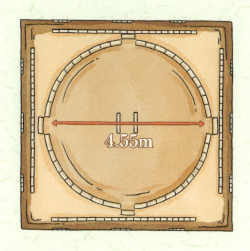

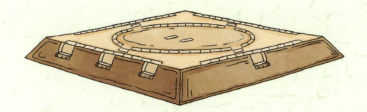

相扑比赛仪式

相扑看似粗犷，实际上却是一种朴素而高雅的运动，有着浓厚的宗教和文化内涵，运动员也要求具备纯真、热心、胸怀宽广等素质，否则很可能会被劝退出相扑界。

快快快，赶紧找位置，马上要开始了。

1 集体亮相

入场时，在裁判的主持下相扑手们身穿"化妆廻"绕场一周。这种服饰只有十两级别以上的相扑力士才能穿着。

小编插话

相扑在日本是一种神圣的运动，进入相扑馆请尽量不要带零食，师徒四人的吃瓜请自动屏蔽。

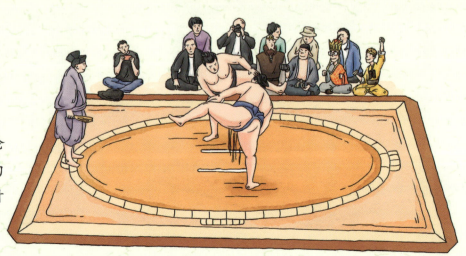

2 四股

双方力士用双脚轮流踏地，借力士强壮的身躯，震慑邪灵，同时作为赛前热身。

3 撒 盐

比赛双方进行撒盐仪式，除了表示驱邪、净化，一旦受伤，盐也能起到杀菌消炎的作用。

4 坐

向对方展示自己的双手，表示自己没有带任何武器。

5 蹲踞

表示对对手的尊重。

6 对视

对抗开始前的动作。

都表演十多分钟了，到底还比不比啊……

比赛规则

比赛中，力士除双脚外，身体的任何部位触及地面或超出圆圈就算失败。双方各自使用力量和技巧战胜对方，胜负通常在几秒之内就能决出。

力士火锅

为了保持体重和力量，相扑手必须吃大量食物。日本有很多力士火锅店，其中不少都是退役的相扑手开的，营养均衡，分量十足。力士火锅是将材料全部放进去炖煮，汤汁还可以拌饭、煮面吃。

八戒，看看如来和玉帝有什么新指示吗？

没什么指示。

这两位领导说话能不能注意场合啊？

西游国际

西游国际官方认证

玉帝：人类科技大有赶超神界的趋势，众卿要加紧修炼才是啊。

如来：同上。以后这种类型的多发。

哪吒：@玉帝 你都几天没上朝了，是不是玩手机上瘾了啊？

玉帝：不许乱讲。

网友1：楼上这几位是外星人吗？

网友2：+1，我是精神科的李大夫，我注意你们很久了。

还能去哪儿呢？

咱们对这儿也不熟，还是回去问问惠子夫人吧。

说不定惠子夫人会对日本文化有不同的看法。

惠子夫人，除了那天藤原校长说的，您还知道哪些具有日本特色的东西吗？

对于我们妇人来讲，最能代表日本的当然是樱花了，还有浪漫的烟火大会，我跟他就是在烟火大会上认识的。

可樱花的季节已经过了，烟火大会还早啊。

你忘了俺老孙有越光宝盒了吗？

好，就这么办！

樱花之国

如果你在日本问人们最喜欢的花是什么，他们往往会毫不犹豫地告诉你，是樱花。整个春季，从南到北，日本各地都会举行大大小小的"樱花祭"。

奈良公园

奈良公园最大的特色就是生活在这里的无忧无虑、自在穿行的小鹿了。它们完全不怕人类，你可以给它们喂食，跟它们合影。它们在樱花树下或走或卧，或与行人"打趣"，就像俏皮的精灵和优雅的仙子，或许它们才是这里的主人吧。

小编推荐

日本的赏樱胜地有很多，比较著名的有东京上野公园、京都清水寺、大阪西之丸庭园、长野县高远城址公园等。而这里要为你介绍的是另外两处——奈良公园和富士山。

嘿！这里怎么会有猴子，快下来。

富士山

　　富士山被日本人民尊为"圣岳"，是日本的象征。作为日本第一高峰，山顶终年被积雪覆盖。

　　每当春季到来，身处于樱花构成的粉色海洋，远望白雪与蓝天相映的富士山，身边是穿着和服的男男女女，耳边传来人们的欢笑和枝头鸟鸣，阵阵风过，带下点点花雨，仿佛走进了一个动漫中的画面。

看！这就是大名鼎鼎的富士山。

汤泉文化

　　推荐到富士山赏樱的另一个原因是这里还是著名的温泉胜地。众多的火山和频繁的地壳运动除了给日本带去不少自然灾害，也给日本带来了得天独厚的"温泉资源"。一边身心放松地泡在舒服的温泉中，一边欣赏壮美的富士山更是一种独特的体验。

泡温泉的规矩

在日本泡温泉一定要注意以下几个问题。

身上有纹身的人不能进入。

空腹、饱腹以及喝酒后都不适合泡温泉。

进入温泉池之前必须将身体冲洗干净，全裸入池（入池前可以用汤屋提供的小毛巾围住）。

不能长时间浸泡，否则容易头晕甚至呼吸困难，最好将毛巾搭在头上。

头部不能浸在水下，更不能游泳（可以用毛巾裹住头发）。

不能在浴池洗头发，更不能使用香皂、沐浴露等。

温泉设施内地面湿滑，小朋友可不要奔跑打闹哟！

泡过温泉后需要补充水分，牛奶是不错的选择，汤屋一般都有饮料，也提供食物。

总感觉叫汤怪怪的，咱们不会被煮熟吧？

瞎说什么？要煮也是煮师父啊。

是啊，你看师父都没事。

唐僧笔记

在日本称热水、温泉叫"汤"，泡温泉叫"泡汤"。但其实这种叫法起源于中国。比如北京的小汤山，就是以温泉闻名的。

好舒服啊！

徒儿们，日本之行差不多该告一段落了吧。

咱们打扰了藤原先生一家这么久，总得有所表示啊。

房费是不能少的，当然还需要一份特别的礼物。

以藤原先生的个性应该不会收吧。

有了，咱们这样……

虽然有点失礼，但也只好这么办了。

师父们，早饭好了……嗯？

西游记

还真是这样啊……

亲爱的藤原先生和惠子夫人：

　　在日本的这段时间承蒙你们的照顾，叨扰多日。想必您已猜到我们的身份，桌上的盒子内是我们应付的费用和一本精装版《西游记》，上面有我们四人的签名和祝福。本应当面向两位道谢并交付，但以您二位的个性恐怕未必会收，不收我们又于心不安，这才出此下策，请原谅我们的不辞而别。

　　对了，我们的微博平台叫西游国际，上面有我们的旅行动态，欢迎关注哟。

　　如再来日本，一定登门道谢。

敬祝安好！

唐三藏及徒儿

下来这么久了，为师特别怀念大唐，你们陪为师到京都走走吧。

咱们这就回去了？

京都速览

京都在古代被称为"平安京"，从公元 794 年到公元 1868 年的 1000 多年里，一直是日本的首都。平安京营建时正是日本与中国唐朝交往的高峰时期，城市的规划和建造风格都以唐朝的东、西两京——洛阳和长安为模板。

这里还真有些当年大唐的感觉。

清水寺

清水寺是京都最古老的寺院，距今已有 1200 多年的历史。这里绿树环绕，是京都著名的赏樱、赏枫胜地。据说是唐代高僧玄奘的徒弟慈恩所建，已被列入"世界文化遗产"名录。

师父，那我跟那个慈恩到底谁是大师兄啊？

你一个虚拟人物跟他争什么争呀。

寺内有一条羽音瀑布，瀑布清泉被分为左中右三部分，据说带有神奇的力量，分别代表长寿、健康和智慧。这股清泉被列为"日本十大名泉"之首，清水寺的名字也是由此而来的。

金阁寺

金阁寺也称鹿苑寺，始建于 1379 年，它的主人原本是日本历史上著名的将军足利义满，也就是动画片《聪明的一休》中那位有趣的将军。寺里有一座涂满了金箔的三层楼阁，被称为金阁，在阳光的照耀下金光闪闪，金阁寺也因此而得名。

师父，为什么京都城有这么多唐代的影子？

唐代时的中国那可是相当强盛的，影响力遍布整个亚洲。

已经很强盛了，您干吗还辛辛苦苦取经啊，害得咱们十几年风餐露宿。

文化需要交流，就像老孙学再多本事都不嫌多。

悟空说得对，日本为了学习中国文化，前后派遣了十几批遣唐使团呢。

怪不得日本有这么多中国元素的东西。

遣唐使与"留学生"

遣唐使是日本为了学习唐代文化而派遣的使团，前后十几批，持续了200多年。跟随使团的还有日本各个领域的人才，当遣唐使回国后他们仍留在中国学习，"留学生"这个词就是那时产生的。他们将学习到的中国文化带到日本思想、艺术、文化和衣食住行等各个方面，成为中国和日本文化交流的重要使者。

后来还有一位名叫鉴真的高僧，应日本僧人的邀请前往日本讲学。他东渡六次，经历六次艰辛的旅途，甚至双目失明才抵达日本，受到日本人的隆重礼遇。他留居日本10年，传播博大精深的中国文化，促进了日本佛学、医学、建筑和雕塑水平的提高，受到中日人民的尊敬。

烟火大会也是日本最重要的节日，就以它作为我们这次游历的终点吧。

好，越光宝盒，带我们去烟火大会吧！

日本烟火大会

日本的烟火大会是日本传统夏日庙会活动之一。通常在每年的7到8月份举行。这是"烟火师"之间的竞技，每一支烟花都经过精心打造。成千上万支烟花竞相绽放，如梦似幻，充满浪漫色彩。

哇，这么多好吃的！

除了看烟花，还可以在这里吃到最正宗的日本夜市小吃，关东煮、烤肉串、牛杂锅、糖苹果、章鱼小丸子、鲷鱼烧、冰淇淋等应有尽有。顺便还可以体验一下日本民众最喜欢的庙会游戏"捞金鱼"。

图书在版编目（CIP）数据

翻个筋斗去日本 / 恐龙小Q儿童教育中心编． — 成都 ： 天地出版社，2022.1

（西游记者）

ISBN 978-7-5455-6675-8

Ⅰ．①翻… Ⅱ．①恐… Ⅲ．①旅游文化－日本－青少年读物 Ⅳ．①F593.13-49

中国版本图书馆CIP数据核字(2021)第237960号

FAN GE JINDOU QU RIBEN

翻个筋斗去日本

出品人	杨 政
编 者	恐龙小Q儿童教育中心
责任编辑	曾 真
装帧设计	王娇龙
责任印制	白 雪

出版发行　天地出版社

（成都市槐树街2号　邮政编码：610014）

（北京市方庄芳群园3区3号　邮政编码：100078）

网　　址　http://www.tiandiph.com

电子邮箱　tianditg@163.com

印　　刷　昌昊伟业（天津）文化传媒有限公司

版　　次　2022年1月第1版

印　　次　2022年1月第1次印刷

开　　本　889mm×1194mm　1/16

印　　张　5

字　　数　320千（全4册）

定　　价　180.00元（全4册）

书　　号　ISBN 978-7-5455-6675-8

咨询电话：（010）51145692

　　　　　（028）87734639（总编室）

恐龙小 Q

　　恐龙小 Q 是大唐文化旗下一个由国内多位资深童书编辑、插画家组成的原创童书研发平台，下含恐龙小 Q 少儿科普馆（主打少儿科普读物）和恐龙小 Q 儿童教育中心（主打儿童绘本）。目前恐龙小 Q 拥有成熟的儿童心理顾问与稳定优秀的创作团队，并与国内多家少儿图书出版社建立了长期密切的合作关系，无论是主题、内容、绘画艺术，还是装帧设计，乃至纸张的选择，恐龙小 Q 都力求做到最好。孩子的快乐与幸福是我们不变的追求，恐龙小 Q 将以更热忱和精益求精的态度，制作更优秀的原创童书，陪伴下一代健康快乐地成长！

原创团队

策 划 人：李　鑫
艺术总监：蘑　菇
统筹编辑：毛　毛
创作编辑：陶胜杰
绘　　画：焦金禹　侯　怡　李佳宝
设　　计：王娇龙　乔景香

西游记者

2

翻个筋斗去英国

恐龙小 Q 儿童教育中心 编

天地出版社 | TIANDI PRESS

目录

下一站——英国

太感谢你们了！我叫威廉，英国人。我本想更近一点拍摄烟花的，没想到……

没关系，还有更糟的，我的相机和手机都进了水，护照也被水泡了，看来是赶不上明天回伦敦的飞机了。

水里的烟花确实更美。

哈哈，碰到我们真是你的运气，我们就好事做到底，送你回去吧。

我们刚好要前往英国。

师父，大师兄，快跟上啊！

八戒，这一点都不好笑。

什么意思？

闭上眼睛。

英国和日本一样，是一个四面环海的岛国，但没有火山与地震的威胁。它由英格兰、威尔士、苏格兰和北爱尔兰四部分组成，全称"大不列颠及北爱尔兰联合王国"。受地理位置的影响，这里大部分地区全年温和湿润，气候多变，晴雨不定。

时差就是不同地区的时间差别。全球共有24个时区，在地球上的不同位置，时间可能会相差很多。比如日本在东九区，伦敦位于零时区，当东京是21:00的时候，伦敦就是12:00。

这真是一段奇幻的经历！

谢谢你们救了威廉。

我们都需要休息一下，但不能睡太久，不然时差就很难倒过来了。

应该的，救人一命胜造七级浮屠嘛。

当我们长期生活在一个地方时，身体就会形成生物钟，到了某个时间就会感觉困倦，某个时间就会自然醒来。当时区跨度太大时，身体无法马上适应，这时就需要倒时差。

英国家居风格

传统英式的家居风格倾向于古典，以暖色调为主。另外，英国人比较"恋旧"，家里的一些家具可能已经经历了几代人。

抱歉，这里空房间不多，委屈几位了，6点我来叫醒大家。

您太客气了，这样已经很好了。

夏令时

通常在每年 3 月份最后一个周日的零点，英国人习惯把时钟调快 1 小时，10 月份的最后一个周日再调回正常时间。英国的夏日阳光宝贵，时间调快 1 小时有助于人们早睡早起，可以更多享受日光，减少用电量，节约能源。

"抱歉"是英国人时常挂在嘴边的一个词，体现了英国社交中礼貌和传统的贵族风度。"抱歉"也因此可以被用到各种语境中，你数过威廉到现在说了多少次"抱歉"吗？

古典与现代交织的英国

大本钟，如今叫伊丽莎白塔，是威斯敏斯特宫的一部分。它坐落在英国伦敦泰晤士河畔，是伦敦乃至英国的标志性建筑之一。钟楼高度将近100米，每15分钟响一次。

威斯敏斯特宫是英国的议会大厦，它从建造之初到现在已经有近千年历史了，1987年被列为世界文化遗产。

鲜艳的英国红色双层巴士设计独特，色调鲜明，是伦敦街头的代表元素之一。巴士车门的一侧还可以倾斜，以保障身体不便的人安全上下车。

> 不用紧张，那是很正常的。

> 不好，那辆公交车要倒了！

> 这些邮筒好别致啊。

红色电话亭曾是英国人生活中的重要设施，现在作为英国的重要符号被保留下来。

带有英国皇家徽记的红色邮筒遍布英国各地，不同国王执政时期花押也不同，如今已成为英国的独特印记。

伦敦眼位于泰晤士河畔，高 130 多米，每个吊舱可同时容纳 20 多名乘客。夜晚的伦敦眼格外绚烂。

泰晤士河是英国著名的"母亲河"，从伦敦市中心缓缓穿过，河流两岸有众多名胜古迹，在英国历史上占有重要地位。

英式晚餐

英式早餐以丰富闻名，而午餐则相对简单，晚餐才是一天中的正餐，因为只有在晚餐时，一家人才能一起悠闲地享受美食时光。

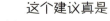

时候不早了，或许我们可以回去吃晚餐了。

这个建议真是太好了。

嗨，你们回来得真及时，快坐吧。

英国人的饮食习惯是"分餐制"，即大家共同用餐时，先把食物分到各自的餐盘中再吃。用餐时习惯使用餐盘、刀、叉和勺子，左手持叉，右手持刀。

嗯？

传统的英式晚餐一般是荤素搭配，荤菜可以是猪肉、牛肉、羊肉、鱼等，素菜是土豆、胡萝卜、西兰花、豌豆等，通常会配上酱汁；主食可以是面包或米饭，再配一碗咖喱汤，或者一张肉馅派也是不错的选择。

实在抱歉，忘记告诉你们了，我们只吃素的。

这……

哇！

啊，该抱歉的是我，真不好意思，我这就再去准备一些。

您不用太客气，我们吃这些就够了，真的。

这样啊，真是太不好意思了，那我们开始餐前祷告吧。

英国人在家庭用餐时有做餐前祷告的习惯，以此感谢上帝赐予食物，祷告词一般都很简短。

布丁是英国的一种传统食品，也是晚餐的重要组成部分，大多由蛋、面粉、牛奶制成，也可以点缀各种水果。

刚才大家肯定没吃饱，现在请多吃些布丁吧。

哇，太好了，又有吃的了！

徒儿们，鉴于之前在日本的经验，我觉得我们还是单独找一个住处比较合适。

我同意，这边的食物实在是吃不惯，还是自己做比较好。

明天麻烦威廉先生给介绍一套就是了。

明天俺老孙上天一趟，在日本的花费玉帝也该给报销了。

啊！这些事就让悟空搞定，都赶紧睡吧。

顺便再提前申领一些费用，嘿嘿。

可租房要不少钱吧？

第二天

英式早餐制作简单，但品类丰富，营养均衡，通常由牛奶、麦片、面包、煎蛋、豆子、培根、香肠等组成。

先生们，快来吃早饭吧，我特意多做了几份煎蛋和蔬菜三明治。

哇，您真是太善解人意了！

培根和煎蛋还是不要上了。

除了前面介绍的这些，英国人对土豆也是情有独钟，一颗土豆在他们手里能变成各种美食。

信用生活

英国的信用体系起源很早，早在1830年，伦敦就拥有了世界上第一家征信公司。今天，"信用"已经和英国人紧密联系在一起。不按时缴纳电话费、水电费、考试抄袭作弊等都会影响个人信用记录，而这也将直接影响人们能否顺利购房、租房和日常消费。

英国人见面打招呼喜欢从天气开始，因为受气候影响，英国天气多变。有种说法叫"英国只有天气，没有气候"。

英国人很少有存钱的习惯，大多都是信用支付，可以说在英国，人们的信用度决定了他们的经济能力。有时租房，还需要提供上一家房东的推荐信，证明你可以尽到房客应尽的义务。如果上家房东出于情面，写虚假的推荐信，那么也会影响他自己的信誉。

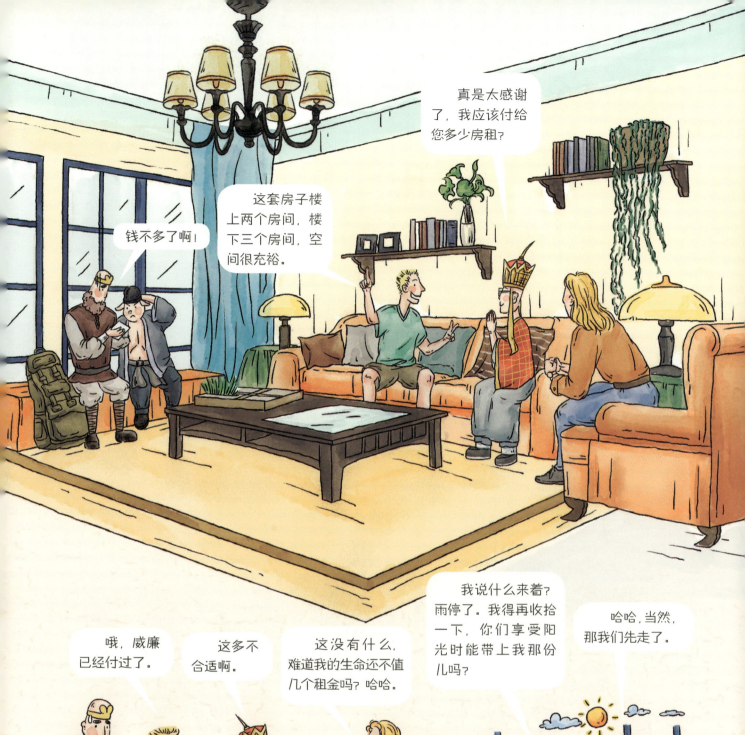

15

热闹的英国街头

在英国，街头是一个色彩缤纷的地方，也是最能反映英国生活特色的地方之一。

街头游行

游行一般在公共道路或露天广场举行，沿着预先计划的路线行进。但游行的主题、时间和路线，是需要提前向安全部门报备的。在英国，大小不一的游行时有发生。

街头小店

英国街头随处可见售卖炸鱼薯条的店铺，炸鱼薯条也因此有"国民美食"的称号。炸鱼薯条最正宗的吃法是蘸醋吃，不过搭配蛋黄酱、番茄酱和青豆泥也是不错的选择。

好香啊，这家店卖的是什么？这么多人！

这是炸鱼薯条，我最爱吃的食物之一，可惜您不能吃。

英国是一个非常"热衷"于排队的国家，公交车站、超市、邮局、剧院等地方，几乎都能看到排队的英国人，这被视为修养和公平的象征。

街头艺人

街头艺人是英国街头文化的重要元素，他们中有很多只是为了艺术展示，而不是乞讨，而且他们还需要拿到街头艺人表演执照。

悬浮术和真人塑像是英国街头常见的表演形式，表演艺人可以将身体长时间保持一个姿势，让人真假难辨、惊奇不已。

唱得真好听，虽然我听不懂他们在唱什么。

嘿，伙计，能给我吃点儿吗？

天哪，雕像活了！

简单的午餐和精致的下午茶

在英国，午餐往往比较简单，而在午餐和晚餐之间会有一个下午茶时间。英国的茶叶最早由中国传入，下午茶曾经是皇室贵族才能享有的，如今已经深入英国人的日常生活。

对于上班的人来说，午餐通常一个三明治或汉堡加少量饮品和水果就够了。也正是因为这样，下午茶就更显得重要，不然谁能饿着肚子撑到晚上呢。

八戒，以后文字就由为师来构思，你负责编辑上传就好了。

好嘞！

悟空，你上天报销经费的事怎么样了？

嗐，经费没拿到，还被数落了一顿。

怎么会这样？

玉帝说咱们没办神际签证就直接到了英国，宙斯对此很有意见。

我说上午怎么说下雨就下雨了。

居然忘了这事儿了。

宙斯是希腊神话中的主神，被认为是西方神的代表，以闪电作为武器，掌管众神、天空、雷霆。

赫耳墨斯是希腊神话中十二主神之一，众神的信使，畜牧业和商业的守护神，因此也被认为是财富之神。

而且，他还需要派人找赫耳墨斯换一些英国货币，然后才能送来。

还好威廉先生先付了房租，不然就尴尬了。

嗨，好久不见！

嗨，财神爷，是哪阵神风把你吹来了？

外币兑换

19

下午茶是英国人生活的重要组成部分，通常在下午 4 点左右，即便上班期间也不例外。通常他们会选择一个舒适、优雅的空间，如花园或会客厅来享受这一闲适时光。

各位先生，晚餐将在 8 点钟开始，这段时间你们可以自由安排。

谢谢夫人，我们想采购一些日用品。

呃……最好是价格便宜点的。

独特的慈善商店

1947 年，为了帮助战争后的人们，牛津出现了英国第一家慈善商店。由于英国传统的慈善理念，慈善商店被迅速推广，如今已经成为英国民众生活的一部分。

慈善商店？

是的，里面所有东西都是别人捐赠的，营业收入也都用于慈善。

还有这样的商店，那要去看看。

当然可以，附近就有一家慈善商店，店主就是上次遇到的盖文老爹。

悟净跟我去就好了，你们继续把这几天的资料剪辑一下。

在英国，人们经常会把多余的衣服、书籍、玩具、日用品等捐赠给慈善商店。经过商店的精心处理后，它们会以很低的价格被卖出，所得的款项全部用于帮助别人。

British H
Founda

嗨，盖文老爹，这位是我的朋友，你们之前见过。

哈，欢迎欢迎，快请进吧。

悟空解读

来这里购物的人并不一定贫困。很多英国人有着"恋旧情结"，觉得旧物（哪怕是别人用过的）比新东西看着舒服。而在这里的每一次消费也都是在做慈善。

21

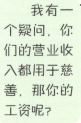

我有一个疑问，你们的营业收入都用于慈善，那你的工资呢？

真是个有趣的问题，我们为什么需要工资？哈哈。

他们在这里工作只是因为开心。

慈善商店通常是由退休人员管理，也会有很多年轻的志愿者主动来帮忙，他们都是不要求工资报酬的。

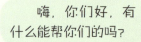

嗨，你们好，有什么能帮你们的吗？

艾米丽是个善良的姑娘，每周都会来帮我几天。

谢谢，我们自己看看就好。

从生活用品、厨房用具、餐具、洗浴用品，到各种精致的装饰品，都能在这里看到，这些也是英国人精致生活的写照。

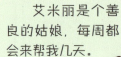

这真的是旧物吗？好精致啊！

这个拉杆箱咱们用得着。

一共 20 英镑，这些款项将被用于救助流浪动物。

欢迎再次光临。

每家门店的慈善帮扶对象有所不同，比如动物、老年群体、妇女儿童群体或者患有重大疾病的病人等。

师父，咱们的经费可不多啊，我可不想以后饿肚子。

这些很便宜的，而且是在做善事。

咱们的微博更新了吗？

嘿嘿，更新了，更新了。

就是有点小失误……

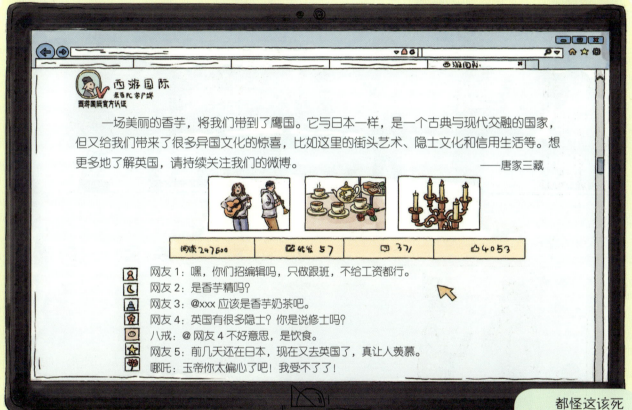

西游国际
来自PC客户端
西游国际官方认证

一场美丽的香芋，将我们带到了鹰国。它与日本一样，是一个古典与现代交融的国家，但又给我们带来了很多异国文化的惊喜，比如这里的街头艺术、隐士文化和信用生活等。想更多地了解英国，请持续关注我们的微博。

——唐家三藏

| 阅读 247600 | 转发 57 | 37 | 4053 |

网友1：嘿，你们招编辑吗，只做跟班，不给工资都行。
网友2：是香芋精吗？
网友3：@xxx 应该是香芋奶茶吧。
网友4：英国有很多隐士？你是说修士吗？
八戒：@网友4 不好意思，是饮食。
网友5：前几天还在日本，现在又去英国了，真让人羡慕。
哪吒：玉帝你太偏心了吧！我受不了了！

我的天，八戒你打字能不能认真点？！

都怪这该死的输入法……

不一样的英国小学

英国是世界上最早实行班级授课制的国家之一，在英国，孩子们的小学生活一般是从 5 岁到 11 岁。英国的小学校园和教育理念都很有特色。

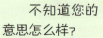

英国的小学中，往往有来自不同国家和地区的学生，有的学校甚至外籍学生会占到大多数，他们有些在入学时还不能很好地使用英语，但同学和老师们会帮他们尽快克服困难。

平房教室

出于安全考虑，英国小学的教室大多是一整片的平房。建筑之间相互连通，每个教室都可以直接通向操场，遇到地震或火灾时，能最大程度保证孩子们及时撤离到空旷地带，同时可以避免踩踏事件发生。

看到了吗？
我正在教她。

我可以照顾你吗？比如送你回家。

不，老师已经指定我去送了，就是这样。

校园农场

很多学校会有一块校园农场，学校会鼓励孩子们在这里亲手种植花草树木和蔬菜。有的学校甚至有小型的动物园和植物园，用于实验观察性课程。孩子们的活动都是在开放自由的户外环境中进行的。

真是一群可爱的孩子。

在英国小学的课堂上，学生没有固定的座位，大多数时间，大家都是围坐在一起，上课多以提问、分析和探讨为主。

整个英国乃至某一地区都没有统一的教科书，各个地区只有教学大纲。学校可以在教学大纲的基础上编写自己的教材，老师也可以用灵活、自由的教学模式来达到教学效果。

课本循环使用

在英国的小学中，高年级同学用过的课本会留给低年级同学继续用，可以节约纸张、保护环境，这已经成为一种传统。同学们会尽量不在书本上涂写，并包上书皮，这样书本虽用过，但看上去依然很新。爱护每一本书，也是英国人想教给孩子们的。

唐僧笔记

本班的英语、数学、科学、历史、地理等课程通常都由一个老师来教，老师的名字就是这个班级的名字。明确教学目标后，一节课可能包含多个科目内容，地理中可能带有历史知识，历史中也可能带有美术知识，相互贯通。

凯文，你的成绩在班里能排第几呢？

好奇怪的问题，我们从不排名次的。

在对学生的评估中，学校并不以学生的成绩来排名次，而是以课堂表现、作业、试卷、个人特色为基础，通过同学自评、互评，老师家长评定等模式，得出一份较为全面的报告。这些会在学期结束时放入档案袋中，附上成绩和评语后交给家长。

午餐时间

学生们会在餐厅集体用餐，可以吃学校安排的午餐，也可以自带午餐。午餐通常是荤素搭配，如意大利面、土豆、牛肉、西兰花等，还有水果、果汁、牛奶。

我们能坐在这儿吗？

你的午餐是什么？

沙拉、面包、水果，你们要来点薯片吗？

英国儿童节

　　英国儿童节是在每年的 7 月 14 日。每到儿童节，学校会举办游园会，邀请家长到学校与孩子、老师们一起度过。儿童节活动也处处体现着英国独特的教育理念。

活动当天，学校餐厅一般是不提供食物的。不同国籍的家长会带上有本国特色的点心小吃进行义卖，当然，最好是自己亲手做的。同学们也会动手制作自己的作品在学校拍卖，如玩具、手工制品、绘画作品等。

这一桌都不一定够你吃，哈哈。

我知道，这个是日本的寿司，做得好漂亮啊。

爸爸，我要这个。

哇！

这是东方的超级英雄，齐天大圣，他会千变万化，身体比钢铁还硬，手里的棍子有5吨重，可以变得比天还高，跳一下就能绕地球一圈半！

29

除了义卖，还有一个非常受孩子们欢迎的活动，那就是可以用吸满水的海绵扔向老师，海绵需要付费才能拿到。

不管是点心义卖、作品拍卖还是购买海绵球，当天所有的收入都会捐赠给慈善机构，用于帮助更多需要帮助的人。于是，在一次欢快的儿童节中，学生和家长也参与了一次极有意义的慈善活动。

英国慢生活

《英语大辞典》的编撰者塞缪尔·约翰逊曾说过："如果你厌倦了伦敦，你就厌倦了生活。"英国人习惯的是从容、温和、渐进，所以英国人的日常生活节奏舒缓。英国几乎家家有车，但出于节能环保的理念，他们平时很少开车，包括上下班。

英国人对周末时光极为看重，他们通常会用这段时间来陪伴家人，或者去教堂祷告。如果天气晴朗，去公园或野外野餐也是不错的选择。

英国人很注重环保，这不仅仅体现在他们不常开车和注意卫生方面，人和自然的关系也很融洽，小动物们并不怕人，庭院里经常会有松鼠和鸟类光顾。

看来你与贫僧有缘，就收你做徒弟吧。

嘿嘿，我终于也有小师弟了。

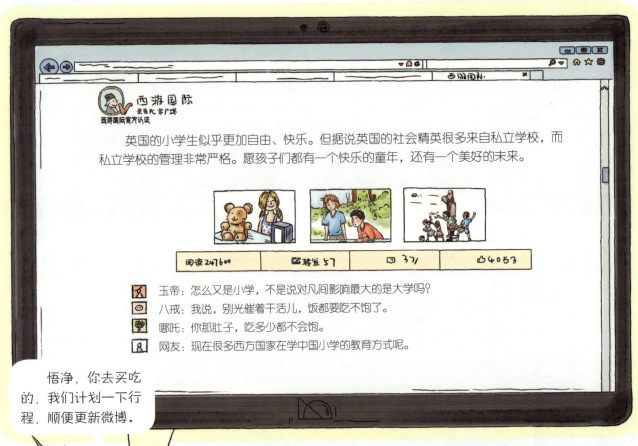

西游国际
玄奘陀家广媒
西游国际官方认证

英国的小学生似乎更加自由、快乐。但据说英国的社会精英很多来自私立学校，而私立学校的管理非常严格。愿孩子们都有一个快乐的童年，还有一个美好的未来。

阅读247600	转发57	371	4053

玉帝：怎么又是小学，不是说对凡间影响最大的是大学吗？
八戒：我说，别光催着干活儿，饭都要吃不饱了。
哪吒：你那肚子，吃多少都不会饱。
网友：现在很多西方国家在学中国小学的教育方式呢。

悟净，你去买吃的，我们计划一下行程，顺便更新微博。

在英国，每逢周末，很多商店都会早早地关门，有些只营业半天，就连银行也会在休息日关门。

你怎么这么快就回来了？

没办法，好多商店都关门了。

这才几点啊？

那晚上可以吃零食喽！

古典皇家英伦风

英国王室是世界上现存最古老的王室之一，显赫一时。在大英帝国时期，英国控制的地区曾遍布世界，英国也因此被称为"日不落帝国"。在今天的伦敦，仍有许多城堡和宫殿。

白金汉宫

白金汉宫已经有 300 多年历史，现在是英国女王办公和居住的地方。上午11：30 这里会举行皇家禁卫军换班仪式，夏令时每天举行，冬令时每两天举行一次。这个传统已保持了数百年。

他们戴这样的帽子不会热吗？

小编插话 皇家卫兵的帽子使用黑熊皮制成，曾经就出现过熊皮帽卫兵在接受女王检阅时晕倒的情况。但入选皇家卫兵可是极大的荣誉，为了荣誉，坚持吧……出于保护动物的原因，帽子现已改用人造皮。

威斯敏斯特教堂

威斯敏斯特教堂是英国历代国王加冕和王室成员举行婚礼之地。它还是英国国葬陵墓，除王室成员外，很多名人包括牛顿、丘吉尔等都安葬于此。

伦敦塔

伦敦塔并不是一座塔，而是一座城堡，已经有近1000年历史。这里起初是王室宫殿，也曾被用作令人胆寒的刑场和监狱，处决过不少贵族，其中甚至包括英国的女王和王后。

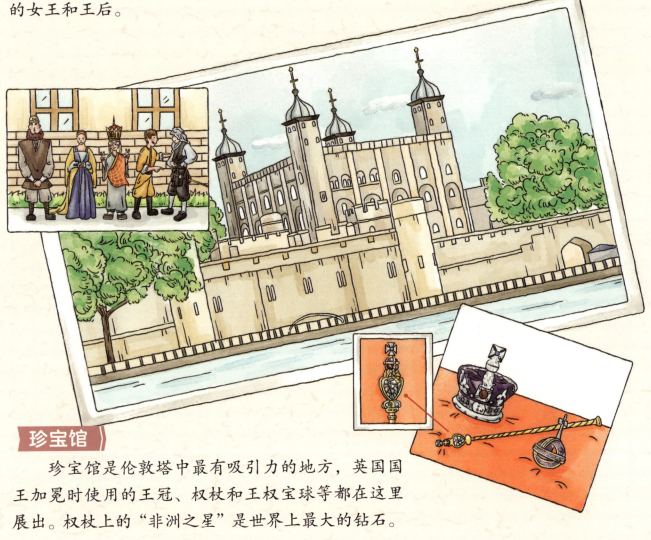

珍宝馆

珍宝馆是伦敦塔中最有吸引力的地方，英国国王加冕时使用的王冠、权杖和王权宝球等都在这里展出。权杖上的"非洲之星"是世界上最大的钻石。

军械库

精良的骑士铠甲和马甲都在这里展出，军事迷们不容错过。

渡鸦与守卫

伦敦塔内养着许多渡鸦，但它们的翅膀都被修剪过，基本飞不出去。有一个古老的传说：渡鸦一旦飞走了，伦敦塔便会坍塌，王朝也将崩溃。伦敦塔守卫负责为游客讲解和安保工作，同时他们也是旅游者的合影对象。

伦敦塔桥

伦敦塔桥也是伦敦的象征，建于1886-1894年，分上下两层。当巨轮通过时，下层桥面能够自动往两边翘起，行人可从上层通过。桥内设有商店、酒吧等。

乘车 "历险记"

英国作为第一次工业革命的发源地，曾在很多工业领域领先世界。比如早在 1825 年（清朝的道光五年），世界上第一条铁路就在英国通车了，1831 年，第一辆蒸汽动力公交车也在英国出现，而在 1863 年，伦敦就拥有了世界上第一条地铁。

根据领导们的要求，下一步咱们应该到剑桥看看。

那我去收拾一下东西，明天就出发。

师父，你确定这些都是必须要带的吗？

当然，八戒，你也帮悟净分担一些吧。

干吗不找猴哥啊？

你说什么？

终于可以真正体验一下伦敦的双层巴士了。

但感觉并不怎么好。

我们好像坐过站了……

伦敦公交

在英国，公交巴士并不是每站都停，到达一个站点时，如果没人按下车里栏杆上的红色按钮，司机是不会停车的。

前面就有地铁站，只要有地铁，在哪儿下都一样。

伦敦地铁

作为世界上最早拥有地铁的城市，伦敦地铁的很多线路都有百年历史，设施老旧，故障频出。在伦敦，如果想跟初次见面的人拉近关系，除了谈论天气，另一个话题就是吐槽地铁。

列车车厢比较狭窄，手机几乎没有信号，据说这样可以让大家避免玩游戏时坐过站……而且，地铁车厢里是没有空调的，座椅是舒适的海绵垫子加棉布椅套，不过在夏季乘车时，你可能很难有舒适感。

国王十字车站于 1852 年启用，是一个大型铁路终点站，同时也是伦敦乃至英国的重要交通枢纽，它因《哈利·波特》而闻名世界。

多样的英国火车票

非高峰车票：工作日早上 9 点半之后，以及晚上 7：15 以后。

高峰车票：价格比非高峰票便宜，只能在高峰时段出行。

自由返程票：一个月内可以在任何时间返程。

任意时间票：可以随时登上前往目的地的任何一趟车，票价最高。

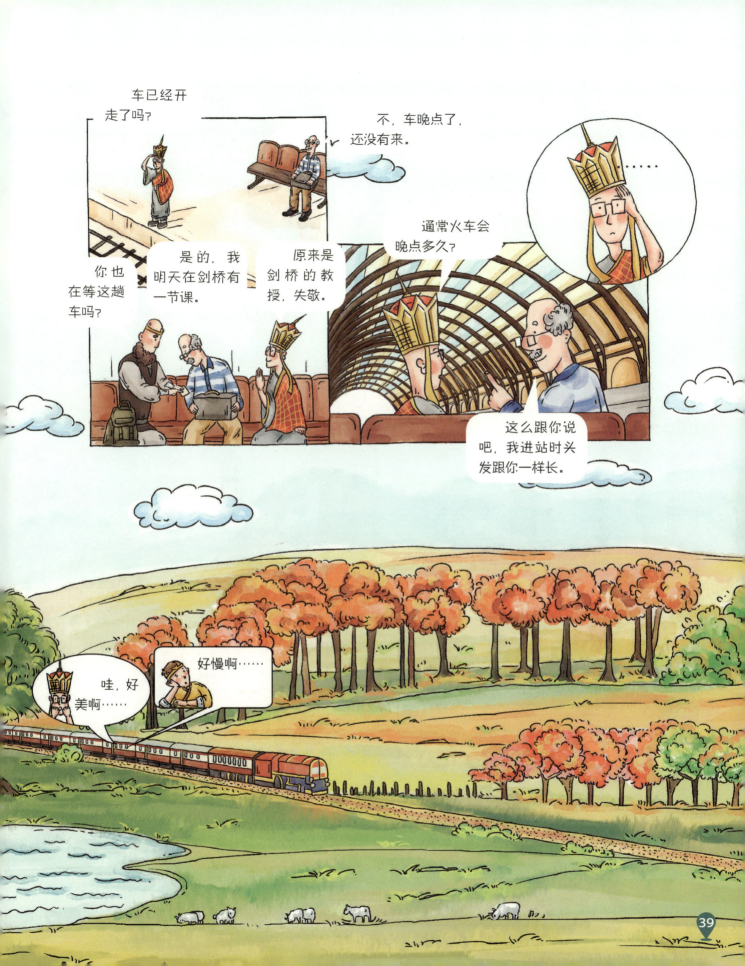

英国的同一列火车中，不同的车厢可能前往不同的地方。比如从伦敦出发时有16节车厢，到达中间某一站时，车厢会分离，最终抵达终点站时可能只剩3~4节车厢了。

八戒的剑桥"哲学"

剑桥大学位于伦敦北部不远的剑桥郡，学校四周没有围墙，教学楼上也没有校牌。绝大多数的学院和校园建筑都在剑河两岸，这个小镇就是他们的校园。

"蚱蜢钟"也叫"吞时器"或"圣体钟"，是一个直径1.2米的全镀金计时器。上面有一只巨大的蚱蜢。每隔一分钟，蚱蜢的下颌就会张合一次；每15分钟抬起毒刺，每小时"致命"一蜇，告诫人们珍惜时间。

国王学院拥有剑桥大学最宏伟的建筑。学院成立于1441年，由当时的英国国王亨利六世创建，也因此而得名。

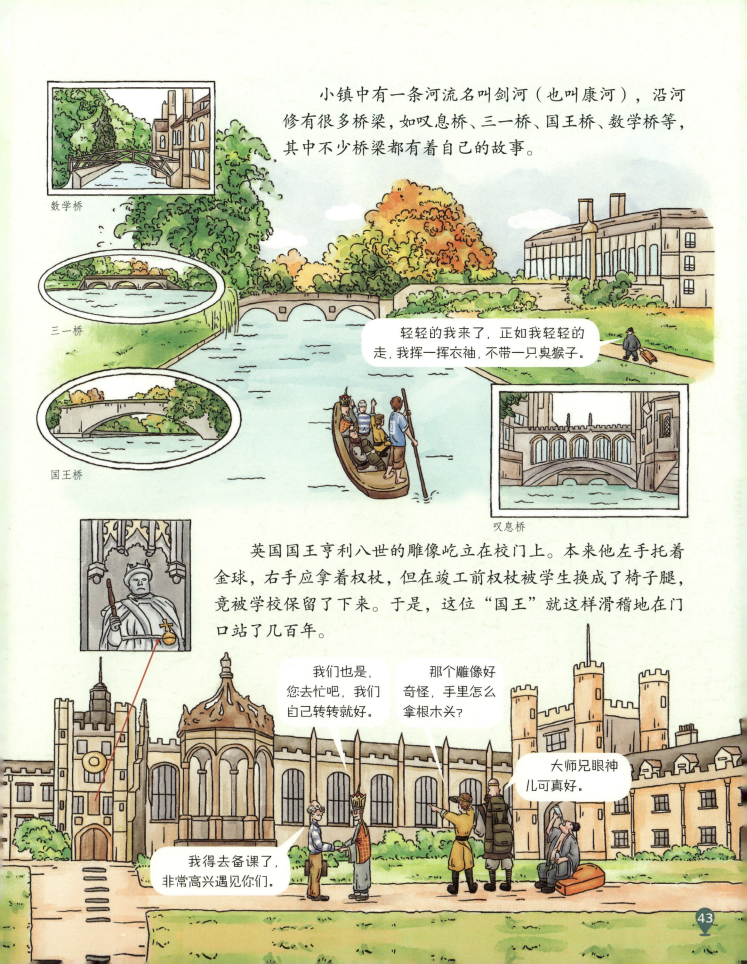

数学桥

三一桥

国王桥

小镇中有一条河流名叫剑河（也叫康河），沿河修有很多桥梁，如叹息桥、三一桥、国王桥、数学桥等，其中不少桥梁都有着自己的故事。

轻轻的我来了，正如我轻轻的走，我挥一挥衣袖，不带一只臭猴子。

叹息桥

英国国王亨利八世的雕像屹立在校门上。本来他左手托着金球，右手应拿着权杖，但在竣工前权杖被学生换成了椅子腿，竟被学校保留了下来。于是，这位"国王"就这样滑稽地在门口站了几百年。

我们也是，您去忙吧，我们自己转转就好。

那个雕像好奇怪，手里怎么拿根木头？

大师兄眼神儿可真好。

我得去备课了，非常高兴遇见你们。

剑桥大学从创立到现在已诞生了100多位诺贝尔奖获得者，是全世界诺贝尔奖得主最多的高等学府之一。同时，这里还走出了十多位英国首相，数十位其他国家的总统或总理。牛顿、达尔文、罗素、培根、霍金等名人都是剑桥的学生。

牛顿苹果树

牛顿苹果树也是剑桥非常有名的看点，据说几百年前，牛顿就是被这棵树的祖先结出的一个苹果砸到脑袋，从而发现了万有引力定律。

剑桥大学图书馆

剑桥大学图书馆已有近600年历史，是世界上最大的图书馆之一，收藏了世界上众多国家的图书、文物珍品等。同时它也是英国少有的"版权图书馆"之一，英国每出版一种新书，都会送到这里收藏。

哇，真是精神的盛宴啊！我能在这儿待一辈子！

我一分钟都不想多待……

半小时后……

啊！我想到了！

咕噜噜

嗨，八戒，你来了，悟出点儿什么没？

我悟出"人在饿着肚子时，是没力气思考的"！

八戒终究还是八戒……

多谢，经费收到了，你请回吧，代我向你爹问好。

是留是走，从来都是我自己决定！

不怕你爹怪罪？

地上一年，天上才一天，待几天不碍事！

他不会想待一年吧……

行啊，那你有想去的地方吗？

我来这里时看北边到处是古怪的房子，肯定很有趣，咱们去那儿吧。

师父，要不要一起去？

啊？这个？咳咳……探险这种事还是你们年轻人去吧。

那我还是留下来陪师父吧。

探密苏格兰

苏格兰位于英国北部，除了神秘的尼斯湖水怪、悠扬的苏格兰风笛和独特的苏格兰裙，这里还是一个"古堡之国"，城堡多得难以计数。

快看，那个家伙就是尼斯湖水怪吗？

那是通天河老龟，它出来干吗？

尼斯湖

尼斯湖是英国第三大淡水湖，狭长的形状让它看上去像一根冰棒。湖底的地形非常复杂，有很多洞穴，最深处有将近 300 米！尼斯湖虽然地处气候寒冷的苏格兰高地，却几乎全年不结冰。

小编插话

尼斯湖中到底有没有水怪，至今仍是一个谜。尼斯湖旁也会有水怪探险活动，能不能遇到水怪，看运气喽。

友情客串……

等等，这里是尼斯湖？

怎么了？

咱们飞过站了！

嗨！多大点事儿，飞回去就是了！对了，当心柱子！

爱丁堡

爱丁堡是苏格兰的首府，相比同样古典的伦敦，这里的建筑更有沧桑感，散发着古朴雄壮的历史气息。

苏格兰风笛

苏格兰风笛最早是应用在战争中的，演奏时将空气吹入气囊，只要气囊里有足够的空气，乐声就能持续不断。在很多战役中，英国士兵都是在风笛声的鼓舞下，英勇奋战到最后的。

苏格兰裙

裙子一般是为了展现女孩子的柔美，但在苏格兰地区，它却是威武雄壮的体现。

爱丁堡城堡

爱丁堡城堡曾是一座皇室堡垒，也是苏格兰精神的象征。它修筑在一个海拔130多米的死火山岩顶上，一面斜坡，三面悬崖，位置极其险要。

门楼上方是一枚红狮纹章，下方有一句拉丁文，意为"犯我者必受惩"，表现了苏格兰人民不容侵犯。

爱丁堡城堡门前立有两座雕像，分别是苏格兰国王罗伯特·布鲁斯和苏格兰英雄威廉·华莱士。他们都曾领导苏格兰人民抗击侵略，争取独立。

沙师弟，快去……

沙师弟不在，那怎么买票啊？

看！这就是那座城堡了！

你们还要买门票？怪不得经费花那么多。

什么意思？

咱们变化了飞进去不就行了。

啊？不好吧……

那咱们晚上进去，不营业就不算逃票。

晚上……

对！夜探古堡更刺激！

这种行为是不对的，小朋友不要模仿哟！

50

夜探古堡

什么人! 敢夜闯城堡!

想打架吗?! 敢挡我哪吒的路!

何方鬼怪! 可认得我齐天大圣!

逃票还这么硬气……

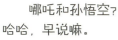

哪吒和孙悟空? 哈哈，早说嘛。

他们都是东方的英雄, 陛下, 就由我带他们参观城堡吧。

你知道他们?

啊, 既然这样, 那我就继续休息了。

这么凑合……

来吧!

那就有劳了!

想不到异国他乡也有人知道我。

有什么了不起。

一点钟大炮

每天（周日除外）下午1点，炮台一角的直径为105毫米的榴弹炮都会准时鸣炮，这传统从1861年6月7日开始一直持续到今天。

战争纪念馆

战争纪念馆收藏了中世纪以来各个时代的兵器和盔甲。

圣玛格丽特礼拜堂

圣玛格丽特礼拜堂已有近千年历史，里面空间不大，只能容纳十多个人，除了精致的花窗，其他装饰都很简朴。

蒙斯·梅格大炮

这尊6吨重的大炮名叫蒙斯·梅格，已经有500多岁了。它是那个时代最尖端的武器，光炮弹就有100多公斤重。

皇冠室

皇冠室里面陈列着苏格兰的国家宝藏——王冠、王剑、权杖等。

斯昆石

"斯昆石"看上去只是一块普通的大石头，但历代苏格兰国王都是在这块石头上完成加冕仪式的，它是苏格兰王权的象征，也被称为"命运之石"。

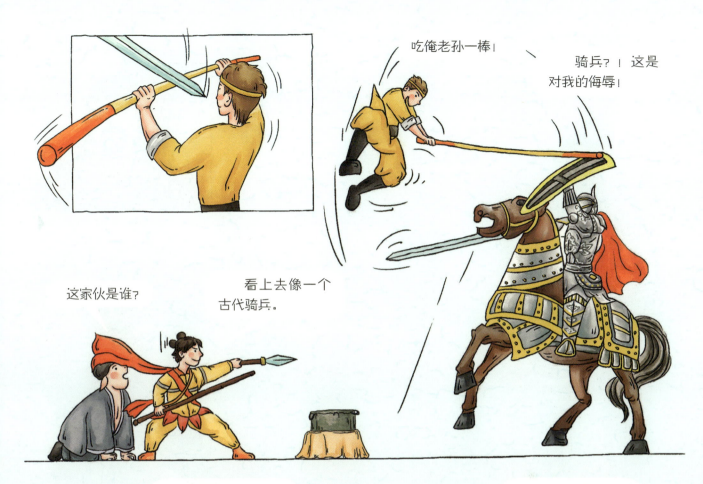

吃俺老孙一棒!

骑兵?! 这是对我的侮辱!

这家伙是谁?

看上去像一个古代骑兵。

快住手，他就是我说的那位朋友，一位高贵的骑士。

道格拉斯，误会误会，他们是我的客人。

好吧，既然是您的贵客，那在下就告退了。

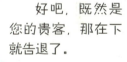

　　骑士并不是简单的骑兵，而是欧洲中世纪战士中的精英，他们或者住在城堡中，听候领主的号令，或者游历四方行侠仗义，保护弱小。要成为骑士，必须经过领主、主教或君王的册封和庄严的宣誓。

小编插话

　　一个男孩成为骑士要经过十多年的艰苦训练，学习游泳、投枪、击剑、骑术、狩猎、弈棋、诗歌等"骑士七技"。一位优秀的骑士还应拥有宽容、公正、保护弱小、尊重女性等品质。

锁甲

由数万个金属小环组成的铠甲，特点是灵活、轻便，可以有效抵挡刀剑的劈砍。

枪身使用木头

盾牌

穿上盔甲后无法识别对方，所以盾牌上会刻有不同的符号，这也成为后来勋章的起源之一。直到今天，世界各国的很多机构仍会使用盾牌型标识。

板甲

几乎覆盖骑士全身的铠甲，只留眼睛和呼吸孔，关节处用皮革连接，造价昂贵，制作精良。等级越高的骑士，穿的铠甲就越精致、华丽。

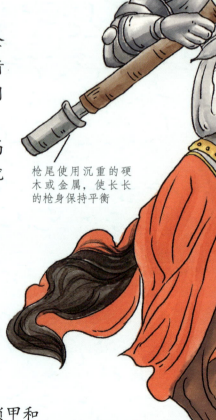

枪尾使用沉重的硬木或金属，使长长的枪身保持平衡

为加强防护，有些骑士会同时穿戴锁甲和板甲，但这需要更强大的力量。

骑士枪

骑士枪像一个巨大的铁钉或钻头，用力夹在胳膊下才能托起。想象一下一排全副铠甲的骑士，骑着彪悍的战马，手托巨大的骑士枪向你飞速冲来是怎样的场景。

枪头使用金属制成

马甲

作为骑士最重要的伙伴——战马也会被全面保护。

配重球维持用力劈砍时手腕的平衡

长长的剑柄可以双手或单手持握

较长的护手可以抵挡对方的武器

骑士剑

也叫武装剑。剑身长度经过精确设计，同时兼顾骑兵和步兵（当骑士失去战马）的使用。

手半剑

被誉为欧洲剑的里程碑，兼具突刺、劈砍、斩击等能力，剑身下半部分不开刃，可以做刺刀使用。

短剑

骑士的辅助武器，可以和骑士剑同时使用，类似于匕首，可以挡武器，也可以用来刺进对方铠甲的缝隙。

其他武器

骑士有时也会使用简单粗暴的武器，比如锤子，但名字还是要高雅，不能叫锤子，而叫"晨星"。

抱歉！道格拉斯是国王最忠勇的卫士，只是在这儿待太久了。

理解理解，当年俺老孙在五行山时心情也很差。

这里就是城堡的最顶端了，每次来到这里我都不忍离去。

确实好美啊！

半月炮台是城堡的制高点，是整个爱丁堡城堡最佳的观景台，站在半月台上，整个爱丁堡小城的景色尽收眼底，令人流连忘返。

好了，时间不早了，我们也该回去了。

这是我的荣幸，期待你们的再次光临。

啊，瞌睡套什么，我老猪都困了……

多谢你的带领，这真是一次难忘的旅程。

巨石探秘

北爱尔兰是英联邦的一部分，位于爱尔兰北部，这里自然风光优美，空气清新，多山地和湖泊，被称为"绿色宝石"。在汹涌的大西洋海岸，有一处壮阔的玄武岩堤道，被称为"巨人之路"。

"巨人之路"由数万根玄武石柱构成，它们高低错落，沿海岸绵延数千米，气势磅礴。据说这只是火山岩浆喷发冷却、再喷发再冷却形成的，你相信吗？

在爱尔兰的传说中，大海中生活着海豹女。她们在水中时穿着海豹衣，脱去海豹衣后可以变成美丽的女孩，在陆地上生活。爱尔兰人相信，海豹女是来自海洋的精灵，她们的歌声能为渔民带来好运。

巨石阵

英国巨石阵位于英格兰威尔特郡索尔兹伯里平原，又称太阳神庙、史前石桌等，距今已有4000多年历史。这里每块石头大约有50吨重，它们是如何被树立起来，又是做什么用的，至今仍是一个谜团。

手机惹的祸

当哪吒、悟空和八戒在爱丁堡的同时，这边的唐僧和沙僧也没闲着……

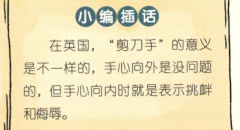

小编插话

在英国，"剪刀手"的意义是不一样的，手心向外是没问题的，但手心向内时就是表示挑衅和侮辱。

马上删掉！

悟净，保护师父！！

快放下我师父！

你先放下我！

警察先生！

此处省略 235 字……

怎么回事？

原来是这样，请你马上删掉孩子的照片，不然你将面临罚款和拘禁。

好的，抱歉，我们真不知道贵国有这样的规定……

小编插话

英国人对儿童有极强的保护意识，擅自给儿童拍照会被认为是极大的侵犯。拍照前必须经过孩子家长同意，拍照后也需要让家长看到拍摄的内容，否则可能会惹上麻烦。

嘿，下次你能提前说吗？

你不示范一下，大家怎么记得清楚。好了，下面给你们安排点轻松的故事。

英国文学艺术

福尔摩斯和柯南·道尔

柯南·道尔，世界最著名的侦探小说家之一，他塑造的神探福尔摩斯的形象深入人心，以至于很多人认为福尔摩斯真的存在。伦敦贝克街221b号，布局、家具都来源于柯南·道尔书中的描写。英国王室甚至为福尔摩斯这一虚拟人物授予了爵士爵位。

小编插话 《名侦探柯南》中的主角江户川柯南就是借鉴了柯南·道尔的名字。

唐人街

伦敦唐人街是华人在伦敦的居住聚集地，里面有很多中国元素和中餐馆，如果你在伦敦吃不惯西餐，可以到这里尽情享受中餐。

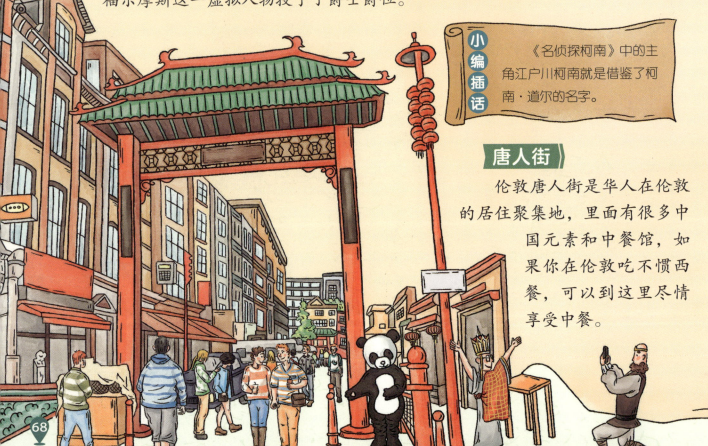

英国戏剧

提到英国戏剧，就不得不提莎士比亚，他是世界上最著名的文学家和剧作家之一，代表作品有《罗密欧与朱丽叶》《哈姆雷特》《威尼斯商人》等。他的很多作品都被改编成了歌剧、影视作品等，经久不衰。

英国国家美术馆

这里藏有达·芬奇、拉斐尔、凡·高和莫奈等大师的画作。即便你不懂美术，只要静静地看着它们，也会逐渐被它们的美感染。

J.K. 罗琳和哈利·波特

J.K. 罗琳是英国著名作家，她在书中构造的魔法世界令无数人着迷。哈利波特博物馆是哈利·波特系列电影的摄影棚，这里有许多电影中的场景和道具，比如哈利的寝室、邓布利多的办公室、神奇的魔法棒和飞天扫把等。

69

来自国王的问候

师父、悟净，我们回来了。

咱们还是边吃边说吧。

你们回来了，哪吒呢？

我马上再去多做几份。

请问孙先生在这里吗？

悟空你是不是跟哪吒闯什么祸了？

找我的？

我是女王陛下的使臣。

您是？

女王？！

是的，你们拯救火车乘客的视频受到了女王陛下的关注。

不是不是，我当时都吓傻了，哪还会拍视频。

是你发的？

女王陛下为表彰您的英勇行为，特授予孙先生大英帝国官佐勋章。

大师兄好厉害。

大英帝国官佐勋章是英国骑士勋章体系中的一种，由国王乔治五世创立，共分5个等级，用于表彰皇室、官员和公民中具有突出贡献的人。

爵级大十字勋章

爵级司令勋章

司令勋章

官佐勋章

员佐勋章

今天是国庆节，也是女王陛下的生日，她本应在白金汉宫亲自授勋。但今年情况特殊，改为专程递送了，还请见谅。

女王刚好是国庆节那天出生的，太巧了吧。

英国王室居住在城堡宫殿中，享有贵族权力。英国国庆节就是国王的生日，也就是说不同国王在位期间，国庆节的日期是不一样的。授勋仪式是生日活动的重要一项，从这里也可以看出国王在英国的地位。

理解理解，请代
为问候女王陛下安康。

谢谢，我会
转达的，告辞。

英国国王的两个生日

如果国王出生在天气阴冷的冬季或初春，不适合民众举行庆典活动。那么，出于体恤民众的考虑，国王就会有一个"法定生日"，一般定在6月份，国庆节也定在"法定生日"这一天。

孙先生在吗？
有您的信件。

今天怎么都
来找猴哥了？

谁会给
你写信？

哈，是凯文，明天是
他的生日，他邀请我们参
加他的生日派对。

咱们也确实好久没去看他们
了，明天是个不错的机会。

你懂什么，
这才叫邀请。

打个电话不
就行了，还这么
麻烦地写信。

从前面的介绍我们可以
大致了解到，英国人是喜欢
"保持传统"的，亲友之间
寄信在他们看来有种特殊的
仪式感。虽然已经21世纪
了，但在英国，几乎家家门
口都还保留着信箱。

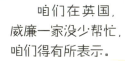
咱们在英国，威廉一家没少帮忙，咱们得有所表示。

藤原校长是读书人，所以才送《西游记》，凯文嘛……

您不会又想送一本《西游记》吧？

送给他一个大大的生日惊喜！

这事儿就交给你了，趁现在有时间，赶紧去发微博，领导已经在催更了。

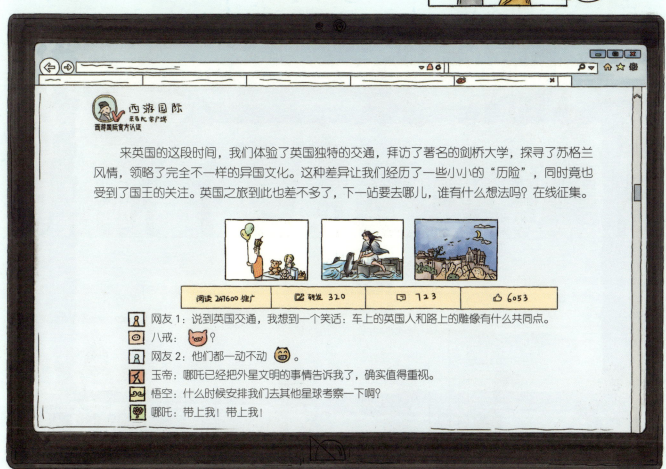

西游国际

来英国的这段时间，我们体验了英国独特的交通，拜访了著名的剑桥大学，探寻了苏格兰风情，领略了完全不一样的异国文化。这种差异让我们经历了一些小小的"历险"，同时竟也受到了国王的关注。英国之旅到此也差不多了，下一站要去哪儿，谁有什么想法吗？在线征集。

阅读 247600 推广　　转发 320　　723　　6053

网友1：说到英国交通，我想到一个笑话：车上的英国人和路上的雕像有什么共同点。

八戒：🐷？

网友2：他们都一动不动😁。

玉帝：哪吒已经把外星文明的事情告诉我了，确实值得重视。

悟空：什么时候安排我们去其他星球考察一下啊？

哪吒：带上我！带上我！

凯文的生日派对

英国人往往给人很传统的印象，随时保持着贵族和绅士的体面，实际上，他们也非常热衷于娱乐和社交。派对在英国社会中非常常见，尤其是变装派对非常受孩子们欢迎。

当然，这就是我要送你的礼物。

我来给你们表演一个，一口一个大蛋糕。

听说你被女王授勋，太酷了！能让我们看一下吗？

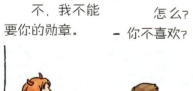

不，我不能要你的勋章。

怎么？-你不喜欢？

非常喜欢，但我要靠自己的努力，赢得属于自己的勋章！

说得好，凯文！可我就得另外给你一件礼物了，你有什么心愿吗？

我希望将来有一天可以遨游太空。

好，我现在就帮你实现这个愿望。

图书在版编目（CIP）数据

翻个筋斗去英国 / 恐龙小Q儿童教育中心编. —— 成
都 : 天地出版社，2022.1
（西游记者）
ISBN 978-7-5455-6675-8

Ⅰ．①翻… Ⅱ．①恐… Ⅲ．①旅游文化－英国－青少
年读物 Ⅳ．①F595.61-49

中国版本图书馆CIP数据核字(2021)第237961号

FAN GE JINDOU QU YINGGUO

翻个筋斗去英国

出 品 人	杨　政
编　　者	恐龙小Q儿童教育中心
责任编辑	曾　真
装帧设计	王娇龙
责任印制	白　雪

出版发行	天地出版社
	（成都市槐树街2号　邮政编码：610014）
	（北京市方庄芳群园3区3号　邮政编码：100078）
网　　址	http://www.tiandiph.com
电子邮箱	tianditg@163.com

印　　刷	昌昊伟业（天津）文化传媒有限公司
版　　次	2022年1月第1版
印　　次	2022年1月第1次印刷
开　　本	889mm×1194mm　1/16
印　　张	5
字　　数	320千（全4册）
定　　价	180.00元（全4册）
书　　号	ISBN 978-7-5455-6675-8

恐龙小 Q

　　恐龙小 Q 是大唐文化旗下一个由国内多位资深童书编辑、插画家组成的原创童书研发平台，下含恐龙小 Q 少儿科普馆（主打少儿科普读物）和恐龙小 Q 儿童教育中心（主打儿童绘本）。目前恐龙小 Q 拥有成熟的儿童心理顾问与稳定优秀的创作团队，并与国内多家少儿图书出版社建立了长期密切的合作关系，无论是主题、内容、绘画艺术，还是装帧设计，乃至纸张的选择，恐龙小 Q 都力求做到最好。孩子的快乐与幸福是我们不变的追求，恐龙小 Q 将以更热忱和精益求精的态度，制作更优秀的原创童书，陪伴下一代健康快乐地成长！

原创团队

策 划 人：李　鑫
艺术总监：蘑　菇
统筹编辑：毛　毛
创作编辑：陶胜杰
绘　　画：焦金禹　侯　怡　李佳宝　任　婕
设　　计：王娇龙　乔景香

西游记者

3

番羽个筋斗
去意大利

恐龙小 Q 儿童教育中心 编

天 地 出 版 社 | TIANDI PRESS

目录

宙斯的邀请

意大利是一个历史悠久的国家，这里曾诞生了强盛的罗马帝国和辉煌的罗马文化。罗马文化被认为是希腊文化的继承，罗马神话中的很多地方都借鉴了希腊神话，比如罗马的众神之王朱庇特对应希腊神话中的宙斯，商业和信使之神墨丘利对应赫耳墨斯等。

但上面的署名怎么是一个叫"朱庇特"的？

这是他的意大利名字，我在意大利叫墨丘利。

那我先走了，不过宙斯脾气火爆，还请不要耽搁太久。

知道了，我们会尽快启程的。

请人办事还这么大架子。

这边儿毕竟归宙斯管呀。

咱们就这么走了？至少得跟威廉一家告个别啊。

还要带上咱们的小师弟。

这样吧，我给威廉发个信息，算是跟他们告别吧。

威廉

我们受一位朋友邀请，需尽快赶往意大利，由于时间紧迫，不能与你们当面告别，还请见谅。

——唐三藏师徒拜别

永恒之城罗马

　　罗马是意大利的首都和最大的城市，它是古罗马帝国的起源之地，公元前753年建城，被称为"永恒之城"。古罗马人是天才的建筑师，他们设计建造的建筑不仅坚固实用，而且极具艺术性。

母狼育婴

　　母狼育婴是罗马城的城徽，在城中很多地方都能看到。

你们看，这两个小宝宝好可爱啊。

这就是罗马城？

但他们怎么会蹲在一只母狼下面呢？

走吧，前面就是宙斯的宫殿了。

小编插话

　　相传，一位古老王国的皇后生下两位王子，但篡逆者将两个孩子扔进了河里。一只母狼救了他们并哺育了他们。长大后，他们一起夺回王位，建立新的城市，并以哥哥的名字将其命名为罗马。

这让我想到了自己的身世……

万神殿

　　万神殿是古罗马用来供奉罗马诸神的神殿，位于罗马的市中心，距今已有2000多年历史，它的主体使用火山灰制成的混凝土浇筑而成，非常牢固，被称为"天使的设计"。

它有一个半圆形的穹顶，四周围绕着诸神的雕塑，顶部是一个巨大的圆洞，阳光从顶部倾泻而下，如同通往天国的通道。

罗马属于地中海气候，全年降水量较少，而且万神殿的大理石地板上设有排水口，只要稍加清扫就不会积水。巨大的万神殿本身其实也形成了一个小的气候系统，能落入万神殿的雨水也是很少的。

这么大的洞，下雨不怕漏水吗？

宙斯怎么会往自己的神殿灌水？

是朱庇特。

如果设计时这个都没想到，那才是真正的异想"天开"呢。

喷泉之都

在罗马有上千个大大小小的喷泉，早在2000多年前的古罗马时期，罗马人就设计出了精妙的城市水利系统，这不仅解决了城市居民的饮水问题，也让宏伟的罗马城多了一丝灵动。罗马的喷泉之所以著名，是因为它们不仅仅是喷泉，更是绝佳的艺术品。

特莱维喷泉

传说，如果背对着喷泉将硬币抛到水中：一枚硬币预示着将能再次回到罗马；两枚硬币预示着将会与自己心爱的人在一起；三枚硬币预示着能让讨厌的人离开。

特莱维喷泉是罗马乃至意大利最美的雕刻艺术作品之一，它还有一个更美的名字——许愿池。

怎么这么多人都把钱往水里扔呢？

难道这就是传说中的拿钱打水漂？

无知也有个限度好吧！来罗马居然不知道许愿池？

就不怕这水池被硬币填满吗？

政府会定期打捞，然后将其用作慈善事业。

好了，不要打扰我许愿了。

那我也来许个愿吧。

四河喷泉

　　喷泉上的四座老人（河神）的雕像，分别代表欧洲的多瑙河、亚洲的恒河、非洲的尼罗河以及美洲的普拉达河。

海神喷泉

海神喷泉展现的是罗马神话中海神尼普顿（希腊神话中的波塞冬）大战章鱼怪的场景。

摩尔人喷泉

这个喷泉表现的是一个摩尔人站在海螺壳中与一只海豚摔跤的场景，周围则环绕着四个海洋信使。

不得不说，罗马人真是建筑界的天才。

可罗马不是降水少吗？还有多余的水搞这么多喷泉？

古罗马引水渠是古罗马人生活中不可或缺的一部分，它将远处的河流、湖泊乃至高山上的泉水引入城市，坚固耐用的引水渠至今仍有所存留。

古罗马帝国可是历史上最强大的帝国之一，引水渠就是它辽阔与强盛的见证。

嘉德水道桥位于现在的法国尼姆市附近，有近50米高。

辉煌古罗马

威尼斯广场

图拉真广场

图拉真是继恺撒之后，将罗马帝国疆域扩张到历史上最大的皇帝，所建"纪功柱"至今犹存。

古罗马斗兽场

斗兽场是罗马帝国强盛的代表，鼎盛时期的罗马帝国疆域遍及欧、亚、非三大洲，拥有整个地中海沿岸的土地。但被征服的人们往往成为奴隶，他们被买卖，被关押，甚至被迫与野兽搏斗或相互残杀，以此来取悦古罗马人。

听说古罗马人热衷于战争。

光靠武力征服，是不会长久的。

你也看过罗马史吗？后来帝国确实就分裂了。

这叫历史必然性，等你长大就懂了。

哦！

君士坦丁凯旋门

鼎盛的罗马一度分裂成东西两部分，后来是西罗马皇帝君士坦丁重新统一了罗马帝国。这座凯旋门上的浮雕是从当时其他建筑上直接取来的，融合了多种雕塑风格。著名的法国巴黎凯旋门就是以它为模板建造的。

看来这时候的罗马已经开始走下坡路了。

原来是个拼装产物。

是的，又过了100多年，西罗马帝国就覆灭了。

古罗马广场

古罗马广场是古罗马城最重要的区域，这里有神庙、法庭、市政厅，古罗马人曾在这里祭祀、审判、欢庆胜利、共度节日。这里见证过古罗马的繁荣，如今却只留下一片废墟。

再强大的帝国也有走向衰落的时候。

师父今天怎么这么多感慨？

西罗马帝国灭亡后，地中海东部的东罗马帝国又延续了约一千年。

影响深远的罗马文化

古罗马对世界影响这么大，应该不是只会搞建筑吧？

算你问对人了，对于古罗马我可是无所不知。

罗马法

古罗马帝国是横跨欧亚非的大帝国，为了管理这庞大的帝国，罗马人制定了十分完善的律法制度，蕴含人人平等、公正至上等法律观念。直到今天，罗马的法律制度对很多国家尤其是欧洲大陆国家的法律制度仍有影响。有一种说法叫罗马征服了世界三次，第一次靠武力，第二次靠宗教，第三次靠法律。

罗马法的很多法律观念，可以说是超越了时间和空间的。

我来，我见，我征服！

恺撒

掌控时间的人才能掌控世界！

这家伙的张狂程度都赶上俺老孙了。

恺撒和儒略历

儒略历是古罗马恺撒大帝下令制定的历法，一直沿用了1600多年。恺撒虽然不是皇帝，但却是罗马帝国的奠基人，被人尊为大帝。后来他的名字"恺撒"成了罗马皇帝的代称。

为什么2月这么短呢？

因而它2呗。

为什么二月那么短

据说，原本儒略历单数月是大月，双数月是小月。但这样一年就是366天了，于是就把处决犯人的2月变成29天。后来罗马帝国的第一位皇帝屋大维认为自己出生的8月应该是大月，于是又从2月减掉1天，这样一来，2月就变成了28天。

这位是恺撒的继承人屋大维。

罗马在我手中从石头城市变成了大理石城市。

屋大维是恺撒的养子，是古罗马帝国的第一任实际上的皇帝，也是一位伟大的皇帝。他统治了罗马40年，致力于文化艺术发展和城市建设，给罗马之后的繁荣打下了基础。

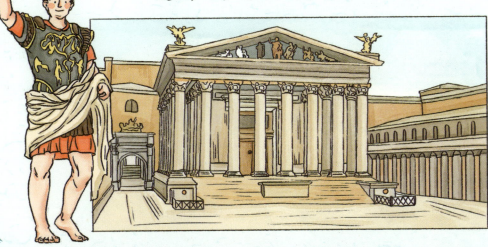

三个罗马

罗马帝国曾分裂为西罗马帝国和东罗马帝国。西罗马帝国灭亡后，东罗马帝国又延续了约1000年！后来东罗马帝国灭亡，索菲亚公主带着许多帝国文化来到俄罗斯。所以俄罗斯帝国自认是"第三个罗马"，沙俄皇帝的称号"沙皇"就是俄语恺撒的意思。

罗马字母

罗马字母，也就是拉丁字母。因为罗马帝国的广泛影响，拉丁语成为古代和中世纪欧洲的官方语言。拉丁字母是当今世界上最通行的字母，我们熟悉的汉语拼音和英文字母，也是拉丁字母。

A B C D E F G
H I J K L M N O P Q
R S T U V W X Y Z

直到现在，几乎每个小朋友都会唱英文字母歌，你说古罗马的文化影响有多大！

神话传说中的太阳系古罗马众神

第二大行星
丰饶之神萨图恩

土星

最大的行星
神王朱庇特

木星

火星

红色行星
战神马尔斯

天王星

第三大行星
天空之神乌拉诺斯

太阳

金星

最亮的行星
美神维纳斯

海王星

蓝色行星
海神涅普顿

冥王星

最冷的行星
冥神普鲁托

水星

公转速度最快的行星
信使之神墨丘利

整个太阳系都被罗马众神统治着呢!

这事儿玉帝知道吗?

地球好像不归宙斯管。

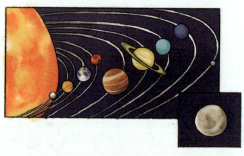

注:冥王星在 2006 年之前属于太阳系"九大行星"之一。

入住家庭旅馆

相比印象中日本人的谦和谨慎和英国人的高冷幽默，意大利人则是极为热情的。他们非常健谈，说话时喜欢用手势表达。有个玩笑叫"手是意大利人的第二张嘴"。

几位先生楼上请，不好意思，楼上只有两间房，你们得挤挤了！

不碍事，已经很好了。

你们先休息一下，晚上想吃什么呢？

只要是素食就好，谢谢！

原来几位是素食主义者，真佩服你们！真想我也能这样。

我可以帮你，吃素我可是专家。

哈，还是算了，离开安娜的香肠比萨和肉酱面我会活不了的。

悟空，八戒，你们住一间，我跟悟净住一间。

我不要，猴哥总欺负我。我要跟沙师弟住。

我什么时候欺负过你？

好了八戒，先把微博更新一下，我写好后把文字发给你。

好嘞，您多写一会儿，我先去躺会儿。

真服了八戒了！

嗨，莫妮卡，你怎么上来了？

意大利的小学教育

　　意大利小学到四年级才有四则混合运算，乘法口诀表对于一个小学毕业生可能还是件难事。意大利从小学到高中每个班一般都是额定二十人，一个班十五六个人则很常见。

先乘除后加减，应该等于 5 嘛。

对呀，老师好像也是这么讲的，我怎么忘了。

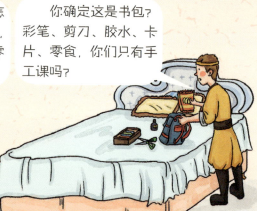

今天的晚饭怎么这么慢？孙先生，你把我书包里的零食拿出来吧。

你确定这是书包？彩笔、剪刀、胶水、卡片、零食，你们只有手工课吗？

不，但老师们都很鼓励我们做手工，即便数学课也是这样。

我现在能理解你的数学水平了。

意大利人非常注重从小培养孩子们的动手能力，虽然现在商品的主流是工业化和标准化，但意大利依然保留着许多传统手工艺术品，而且意大利工艺品在世界上一直是高端、精致的代名词。

意大利学校没有差生，没有优秀生，课堂气氛很轻松。老师和同学之间更像朋友，上课时即使吃点零食，来回走动，老师也很少生气，除非你做的事真的让人无法忍受。

你们吃零食居然不叫上我！

好可爱的松鼠，这袋坚果给你吃。

先生们，晚餐好了。

意式晚餐

　　意大利是一个历史悠久的国度，也拥有着同样悠久的饮食文化。据说意大利菜起源于古罗马宫廷，被誉为"西餐之母"，比萨和意大利面更是风靡世界。

　　和许多西方国家一样，晚餐是意大利人一天中的正餐。晚餐的菜品非常丰富，一般包括前菜、头盘、主菜、甜品等。

呃……怎么吃了这个我感觉更饿了呢？

这就对了，这个叫开胃菜，大餐在后面呢。

前菜主要是水果、水果沙拉、汤等，分量很少，用来打开食欲。

　　头盘以容易消化的面食为主，如意式小馄饨、意大利面、比萨饼、抹酱的面包等，如果是在冬天，可能还会有一份汤，给肠胃做好吃大餐的准备。

我今晚多做了几份玛格丽特比萨和意大利面，全素的，请放心。

这真是我见过的最丰盛的晚餐了！

之后就是整个晚餐的灵魂——主菜，主要是海鲜或肉类，如牛羊肉、鸡肉、什锦海鲜等，使用烧烤、蒸或水煮的方式保持食材的原味，调味也只用盐、胡椒和橄榄油。

与主菜同时食用的还有配菜，一般是西兰花、胡萝卜、洋葱等。

红烩牛肚

经典的罗马式菜肴之一，番茄、洋葱、薄荷、猪脸颊肉、牛肚一起慢炖。吃完再加入面包，蘸着汤汁又是一道美味。

> 八戒，你不是吃素的专家吗？

> 没事，这些面和比萨就足够了。

> 这些肉食我们自己吃了啊。

茄汁鲈鱼

这是意大利人颇为推崇的鱼类美食之一。以鲜嫩的鲈鱼为主料，配以青豆、玉米、胡萝卜和番茄酱等做成的酱汁。鱼肉外酥里嫩，酸甜可口。

跳到嘴巴里

地道罗马菜，听名字就知道有多美味。小牛肉加芹菜、洋葱、月桂叶等香料和白酒一起炖煮，放凉切片后，淋上鱼酱。

主菜之后是饭后甜点，奶酪、水果、提拉米苏、干酪蛋糕、意式奶冻、杏仁小饼等，都是意大利的传统甜点。

意大利人对咖啡的热情达到了痴迷的程度，尤其钟爱口味醇厚的浓缩咖啡，早上喝，中午喝，晚上还要喝。他们喝咖啡并不是为了提神，而单纯是为了享受咖啡的美味。

唐僧笔记

意式浓缩咖啡虽然确实很浓，但并不意味着会很苦，而且咖啡因（喝咖啡提神就是因为它）含量并不高，加上意大利人有喝咖啡的习惯，所以很少会对睡眠造成影响。

意大利美食的代表

说起意大利美食，最先想到的可能就是比萨和意大利面了。在意大利，会做美味的比萨和意大利面，是衡量一位合格家庭主妇和妈妈的标准。作为比萨的发源地，在快餐式比萨盛行的今天，意大利人仍坚持做传统的手工比萨。

玛格丽特比萨

玛格丽特比萨是意式比萨的代表，在意大利人心中有着不可撼动的地位。绿色的罗勒（一种味道类似茴香的香料）、白色的水牛奶、红色的番茄，简单美味，奶味浓郁。

真是无比美味！

绿、白、红这三种颜色正是意大利国旗的颜色。

我刚才就吃了好多这种比萨。

这是我最拿手的比萨，将来这个手艺也要教给莫妮卡！

不要，我才不要做饭……

卡布里乔莎比萨

卡布里乔莎比萨在很多意大利人心中是"妈妈的味道"。原料有朝鲜蓟、黑橄榄、洋菇（类似口蘑）、酸豆、奶酪和火腿薄片等。

四季比萨

意大利最受大众欢迎的比萨之一，由番茄、奶酪、火腿、蘑菇、黑橄榄等原料做成，这种比萨共分成四种口味，分别代表四季。

这在意大利比萨中也算另类了。

罗马方形比萨

罗马方形比萨的面饼又薄又脆，但对馅料没有特别要求，可以简单，也可以丰富。

西西里比萨

西西里比萨的饼皮较厚，口感蓬松有弹性。

美式比萨就是由西西里比萨发展而来的。

小编插话

直接用手拿着送入口中，是吃意大利比萨的传统方式，而且意式比萨是不加水果的，如果你带一份榴莲比萨去见一个意大利人，他可能会把饼扣在你的头上（开个玩笑）。

意大利面

意大利人对面条的热爱程度绝不输于我国的北方人。意大利以艺术闻名于世，面条做得很有艺术感。意大利面除了普通的直面，还有螺丝形、弯管形、蝴蝶形、空心形、贝壳形等，加上不同酱料之间的搭配，可以有数千种类型。

师父，要不咱们就在意大利多待一段时间吧！

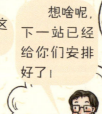

我觉得这个可以考虑。

想啥呢，下一站已经给你们安排好了！

西游国际
采百PC客户端
西游国际官方认证

古罗马建筑气势宏大，设计精巧，非常实用。这些优秀的文化底蕴得到了传承，今天的意大利人非常精于手工制作，但小学生的数学水平确实有待提高。意大利菜真的非常丰富，意大利面和比萨的味道这辈子我都不会忘了。

⚡ 宙斯：看到这万神殿心里深感欣慰啊！

⚡ 玉帝：@宙斯 比朕的凌霄殿如何？

🔯 如来：@唐僧 这些是素的吗？私聊啊。

🌟 网友1：我们除了羡慕还能说什么？

🧍 网友2：我去意大利买东西花了 27 元，不想要硬币，就给了收银员 32 元，结果她居然问我怎么给她 3 张十块的。

🧍 网友3：然后呢？

🧍 网友2：然后她愣了好久，给我数了 5 个硬币……

🧍 网友3：🍪

别人喝咖啡提神，我咋越喝越困呢。

猴子能跟人一样吗？

二师兄，你这样说会被揍的。

哈哈，你也就趁他迷糊时敢这样说话。

昨晚你说啥来着？

第二天

我说你可不是一般人。

意式冰淇淋

  意式冰淇淋可以说是意大利的国民甜品，虽然使用了很多的奶和糖，但它的热量和脂肪却很低。意式冰淇淋所选用的材料多是时令水果、坚果、牛奶和蛋等，是一种新鲜而健康的甜品，被誉为"冰淇淋中的经典"。而且在制作过程中，通常不加一滴水，因此口感清爽且绵软饱满。

庞贝探秘

庞贝是古罗马帝国最繁华的城市之一，约公元 79 年，它被爆发的维苏威火山所毁灭，掩埋在厚厚的火山灰下。随着时间的流逝，人们甚至开始怀疑繁华的庞贝是不是真的在这里存在过。

当年马车留在街道上的车辙痕清晰可见，神庙、民居、店铺、剧院、竞技场、角斗士宿舍等有序地分布，几乎再现了古罗马时人们的生活场景。

维苏威火山喷发后，大量火山灰和喷发物将这里全部掩埋，很多没有来得及逃离的人也像被放进时间胶囊里一样，保持着他们最后一秒的状态。

这么多年了，城市居然还能保存得这么完整。

这座城市是被火山摧毁的，但同时也被火山灰保存了起来。

古罗马人除了有建筑上的天赋，在绘画上同样技艺精湛。这些壁画历经千年依旧鲜艳如新，墙壁上甚至还留有那时孩子们的涂鸦。

也许她是在专注地想一道数学题。

她一定跟我一样，也是热爱艺术的女孩。

庞贝大剧院建立于约公元前1世纪，可容纳近2万人。古罗马剧院大都经过精心设计，在任何位置都能听到演员的声音，这种设计至今仍在使用。

这里的浴室设施完善，有男池、女池、游泳池、桑拿室等，室内始终保持恒温。

公共浴室也是罗马人重要的社交场所，人们会边泡澡边谈论政治和艺术。

中国的汉朝和唐朝都曾定都长安（今陕西西安），当时的长安城是一个国际大都市。西方的古罗马和东方的中国都是当时世界上最强大的国家，中国与古罗马也早在汉朝就有贸易往来了。

古罗马的社会等级和服饰

常见的古罗马衣服的款式是"丘尼卡"（音译）和"托加"（音译），它们共同的特点是非常宽松，这与意大利当地温湿的气候有关。这种衣服穿在身上会有自然流畅的褶皱，具有艺术美感。

是不是很优雅？

你穿这个可不怎么显身材。

罗马人可真会省事儿啊。

还好意思说沙师弟，你穿着更像带一个褶儿的包子。

丘尼卡

丘尼卡是一种贯头衣，中间系上腰带就可以了。丘尼卡可以单独穿着，也可以在外面搭配托加。官员的衣服上会有紫红色条纹，官阶大小用条纹宽窄表示。

托加

托加是最具代表性的古罗马服饰，是古罗马人地位的象征。皇帝和贵族可以穿丝绸制成的托加，其他人大多是羊毛或棉麻材质，而且只有获得了罗马公民权的男性才能穿着托加。

为师不管穿什么都这么有气质。

带有精美刺绣的金色和紫红色托加只有皇帝可以穿着。贵族和自由公民的未成年男孩可以穿镶有紫边的托加，普通公民和自由人只能穿白色或灰色的托加。

在古罗马，奴隶是被当作物品买卖和转让的，没有任何权利。有文化和技术的奴隶会受到主人的重视，待遇也会好些；普通奴隶只能穿材质粗糙的丘尼卡；做苦力的奴隶甚至没有衣服可穿。

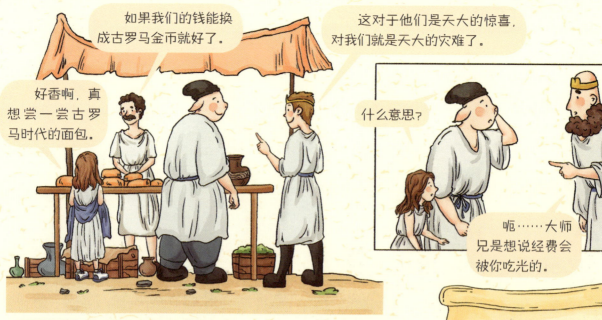

如果我们的钱能换成古罗马金币就好了。

这对于他们是天大的惊喜，对我们就是天大的灾难了。

好香啊，真想尝一尝古罗马时代的面包。

什么意思？

呃……大师兄是想说经费会被你吃光的。

今天已经是8月24日了，路还没修好，你们是想影响我的竞选吗？！

大人，这几天总是有轻微地震，施工很困难。

8月24日？难道我们来到的是庞贝毁灭的那天吗？

应该是，越光宝盒会默认将我们带到历史的关键节点。

小 编 插 话

庞贝毁灭的时间并没有确切定论，此前根据这场灾难见证者留下的资料，时间为公元79年的8月24日，但根据最新的考古成果，时间应该在10月中旬。

天啊，我必须告诉他们，不能眼睁睁看着灾难发生！

大家听我说，那座火山很快就要喷发了，城市将被毁灭，大家快逃啊！

火山是什么？

她说我们的城市将被毁灭。

你们是什么人！

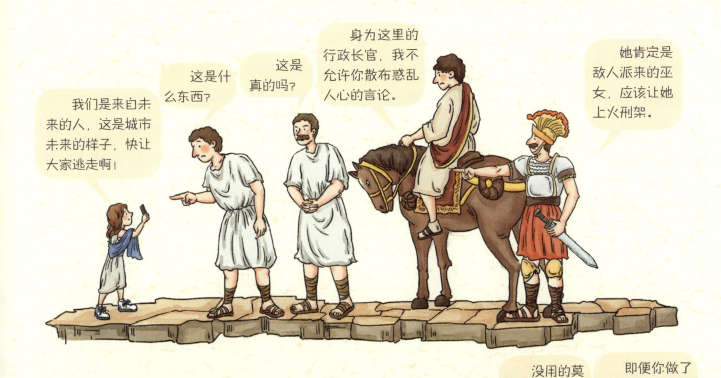

水城威尼斯

威尼斯位于意大利东北部，是举世闻名的"水上都市"，远远望去整个城市如同漂浮在水上一般。威尼斯历史悠久，在9世纪之后的数百年间，这里曾是强盛的威尼斯共和国，是一个繁荣的海上商业中心。

怎么了莫妮卡？

没什么，只是还没从昨天的事情里走出来。

生命是脆弱的，所以我们更应该珍惜，更应该让每一天过得有意义，不是吗？

你再这么闷闷不乐，就又浪费一天了啊。

这就是历史，不用太放在心上。

你们说得对，我应该从历史中获得启迪，而不是沉浸在负面情绪中。

这才是莫妮卡。

我们的小导游，今天我们该去哪里呢？

我们应该好好放松一下，去威尼斯是最棒的选择。

多像一块儿煎饼啊。

圣马可广场

圣马可广场是威尼斯的政治、宗教和节庆日的活动中心，被拿破仑称为"欧洲最美的会客厅"。如今，这里是鸽子们的天堂，偶尔也会有海鸥来凑热闹。

涨潮时的圣马可广场

嘿！嘿！讨厌的海鸥，这是我的三明治！

可惜今天这里没有涨潮，据说那时会更美的。

站在这里，很难想象这是建在水上的。

圣马可大教堂

圣马可大教堂是威尼斯的地标建筑，更是一座艺术品的宝库。教堂中到处可见覆盖着金箔马赛克的镶嵌画，整座教堂金光闪闪，又被称为"黄金教堂"。

你们看它像不像巨大的奶油蛋糕？

你怎么什么都能想到吃啊。

圣马可大教堂可是威尼斯人的骄傲。

37

威尼斯是一座没有汽车的城市，大运河就是城市的主干道，日常生活都是在水上完成，比如上学，可以坐水上巴士。

这座城市是怎么建在水里的呢？

其实它是建在木桩上的。

悟空观察

威尼斯原是一片淤泥浅滩，人们先在水下泥土里打下极为密集的硬木木桩，然后铺上木板，砌上一层防水性很好的伊斯特拉石，之后就可以在上面建房子了。

这得需要多少木桩啊。

据说当年为了修建威尼斯，这里的森林几乎都被砍光了。

木桩在淤泥和海水中被隔绝了空气，因此有很强的耐腐蚀性。不过因为潮汐的原因，威尼斯建筑的一层都是不住人的。

贡多拉曾是威尼斯的主要交通工具，已经有1000多年历史了。后来被水上巴士取代，现在威尼斯只保留少量贡多拉作为城市名片。

看似简单的贡多拉需要用冷杉、红木、胡桃木等不同木材制造，好几个月才能造出一艘。

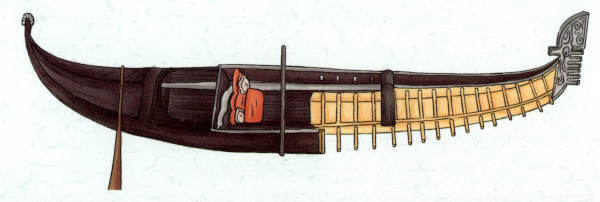

不好意思各位，如果你们要上船的话得算6个人。

八戒，你再不减肥以后真不能坐船了。

听说威尼斯人都非常热情，像你这样高大又帅气的大哥哥，肯定不会让我们为难吧。

哦，好吧，看在这位可爱的小姑娘的分儿上，上来吧。

当然，我从小就跟着父亲在贡多拉上长大，它就像我的朋友一样。

天哪，速度好快。

哇哦，水上漂移，你真是个驾船的好手！

坐好了各位！

你是怎么做到只站在一边摇桨就能让船走得这么直的呢？

这有什么奇怪吗？

贡多拉船夫可是很抢手的职业，必须有政府发的执照，而且得是威尼斯当地人，最好是子承父业。他们熟悉威尼斯的每一条水道，身手矫健，可以轻易地在狭窄的水道中穿梭、转向。

一看你就没划过船，如果你只在船的一侧划桨，船就会转圈。

我想这艘船一定还有一些特别的地方。

哈，当然。

仔细观察就会发现，这条船不是左右对称的。

哦，确实是这样。

当我站在左侧时，体重加上右侧划桨的力量会让船保持平衡。不用费力地两边划桨，船也不会打圈儿。

真是一个有趣的设计。

还有，这个船桨架也经过精密设计，可以让我迅速调整方向和速度。

我们第一次来这里，还有什么好玩儿的地方推荐吗？

既然这样，我推荐你们去布拉诺岛，不过你们得换来水上巴士才能过去。

布拉诺岛

　　布拉诺岛还有个好听的名字叫彩色岛。五彩斑斓的建筑静静地屹立在河流两岸，多彩的倒影在水中摇曳，同样艳丽的小船在河中来往穿梭。

这里的人怎么会想到把房子涂成这样呢？

可能是为了好认吧。

真像走进了童话的世界。

小编插话

　　据说这里的人曾经都是以出海打渔为生，为了方便离家的人们回来时能够轻易找到自己的房子，居家的主妇们便将自己小巧玲珑的房子刷得色彩斑斓。

手工之城

你也喜欢蕾丝？

好漂亮的蕾丝啊。

当然，没有哪个女孩不喜欢蕾丝的。

你是说我不像女孩子吗？！

　　布拉诺岛的蕾丝手艺已经传承了数百年，享誉世界。这里的每一件蕾丝作品都是人们一针一线手工缝制，每个作品都独一无二。精致可爱、甜美浪漫的蕾丝与童话般的色彩，真的很搭。

　　威尼斯还有一座著名的小岛叫穆拉诺岛。穆拉诺岛是一个晶莹闪耀的小岛，因为这里是玻璃的世界。穆拉诺岛的彩绘玻璃同样是闻名遐迩的特色手工艺品，它与布拉诺岛蕾丝一起，成就了威尼斯手工之城的美名。

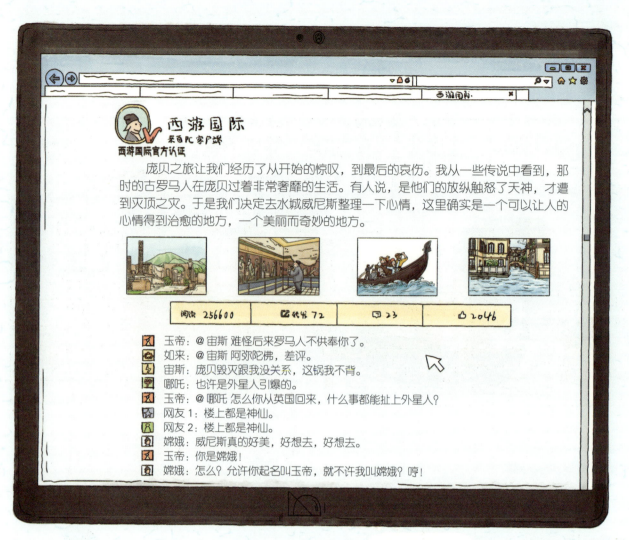

西游国际

西游国际官方认证
来百化家户端

　　庞贝之旅让我们经历了从开始的惊叹，到最后的哀伤。我从一些传说中看到，那时的古罗马人在庞贝过着非常奢靡的生活。有人说，是他们的放纵触怒了天神，才遭到灭顶之灾。于是我们决定去水城威尼斯整理一下心情，这里确实是一个可以让人的心情得到治愈的地方，一个美丽而奇妙的地方。

玉帝：@宙斯 难怪后来罗马人不供奉你了。
如来：@宙斯 阿弥陀佛，差评。
宙斯：庞贝毁灭跟我没关系，这锅我不背。
哪吒：也许是外星人引爆的。
玉帝：@哪吒 怎么你从英国回来，什么事都能扯上外星人？
网友1：楼上都是神仙。
网友2：楼上都是神仙。
嫦娥：威尼斯真的好美，好想去，好想去。
玉帝：你是嫦娥！
嫦娥：怎么？允许你起名叫玉帝，就不许我叫嫦娥？哼！

二师兄，这个嫦娥应该真的只是网名。

还以为你偷偷给她送手机了呢。

嫦娥！？

中世纪文艺复兴

西罗马帝国灭亡后，欧洲经历了漫长的中世纪。之后的1000多年，战争频繁，瘟疫肆虐，人民思想封闭，文化发展缓慢，人们生活在毫无希望和新意的世界中，因此被称为"黑暗中世纪"。文艺复兴则是"黑暗中世纪"的黎明和欧洲新时代的曙光。

但丁是生活在中世纪末期的意大利诗人，被认为是意大利语的奠基人，欧洲文艺复兴的开拓者。他在《神曲》中构建了一个无比梦幻的世界，那是他对中世纪蒙昧的厌恶和对自由、真理的追求。

《神曲》讲的是但丁在最彷徨的时候，游历了地狱、炼狱和天堂的故事。

原来是魔幻小说啊，怪不得你会喜欢。

什么魔幻小说，都说了他是诗人，这可是文艺复兴时的史诗巨作。

要不我带你去天堂看看，回来你也能写本书了。

算了吧，虽然我很向往天堂，但并不想现在去。

他头上怎么戴着一圈树叶？

这叫桂冠，是用月桂枝编成的，代表着至高无上的荣耀。

听你这么说我倒也想看看了，借我几天好吗？

刚才你说的文艺复兴是什么？好像挺了不起的样子。

文艺复兴，就是复兴古希腊和古罗马自由、开放、大气的古典主义文化和艺术，通过这些最终解放人们的思想。主要代表人物有"文坛三杰"但丁、薄伽丘、彼特拉克和"文艺复兴三杰"达·芬奇、米开朗基罗、拉斐尔。

那当然，除了辉煌的古罗马，这可是最值得意大利骄傲的事了。

跟我们介绍介绍呗！

佛罗伦萨同样是一座千年古城，在中世纪，它曾是繁荣的佛罗伦萨共和国、欧洲最著名的艺术中心和文艺复兴运动的发祥地。如今的佛罗伦萨则是一座露天的艺术博物馆，到处充满着艺术、文化与历史的气息。

> 想了解文艺复兴，咱们得去佛罗伦萨。

> 还是第一次看到在地上画画的。

> 这里的每个人看起来都像个艺术家。

> 这些画看起来真有意思。

> 几位要不要来张画像？

圣母百花大教堂

圣母百花大教堂是佛罗伦萨最高的建筑，它是文艺复兴时期的代表性建筑，整座教堂用红、白、绿三色大理石砌成，被誉为"世界最美教堂"。

> 威尼斯像煎饼，佛罗伦萨像蛋糕，我真佩服你的想象力！

> 那是圣母百花大教堂，佛罗伦萨的标志。

> 那个像大蛋糕一样的房子好别致啊，那是什么地方？

圣母百花大教堂正门

这座教堂前后建了150多年才完成。

150年？！

圣若望洗礼堂

光是这扇门就用了20多年才完成。

20年？！

圣若望洗礼堂

圣若望洗礼堂与圣母百花大教堂相对。这里最著名的是它的青铜大门，上面以旧约圣经的十个故事为题材绘制，表层镀金，辉煌灿烂，被誉为"天堂之门"。

传奇的教堂穹顶

这座穹顶被惊叹为"神话中的穹顶"，设计师是传奇的伯布鲁涅列斯基。他在整个施工期间没有画一张草图，也没有写下一组计算数据，一切都凭借他精准的心算和空间想象完成。

这个穹顶修建了14年，是当时世界上最大的穹顶。

14年？！

八戒，你是复读机吗？

佛罗伦萨市区至今仍保留着古罗马的城市格局，以城市广场为中心。佛罗伦萨市政广场以众多举世闻名的雕塑而著称。

> 好威猛的狮子，这可比罗马那只母狼霸气多了。

> 狮子是佛罗伦萨的守护者，也是城徽。

大卫像是文艺复兴时期雕塑艺术最高峰的代表作，被誉为西方美术史上最完美的男性雕塑之一。这个是复制品，真正的大卫像藏在佛罗伦萨学院美术馆内。

> 看！这个就是著名的《大卫》了！

> 这些雕像怎么都不穿衣服，不会害羞吗？

> 我们要从艺术和审美的角度来看这些作品，不能乱想。

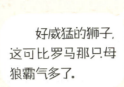

唐僧笔记

古希腊和古罗马时代，人们欣赏身体之美，拥有矫健、完美的躯体是神的恩赐，更是一种荣耀，因此他们并不以裸露身体为羞。文艺复兴时，艺术家们继承了这一理念，用来表现人的自由与解放。

乌菲齐美术馆

美第奇家族被称为佛罗伦萨的"无冕之王"，是真正的名门贵族。他们赞助过达·芬奇、米开朗基罗、多纳泰罗等众多艺术大师。乌菲齐美术馆收藏有众多文艺复兴时期艺术大师的作品，如《维纳斯的诞生》《春》等，是世界顶级艺术殿堂之一。

> 这座美术馆以前也是美第奇家族的，后来捐献给了佛罗伦萨。

> 这个家族对艺术还真做了不少贡献啊。

> 这些肯定值不少钱吧？

文艺复兴三杰

达·芬奇、米开朗基罗和拉斐尔是文艺复兴时期的三颗巨星，其中达·芬奇最年长，米开朗基罗比达·芬奇小了 23 岁，拉斐尔又比米开朗基罗小 8 岁。他们是历史上的艺术大师，也是平凡人。他们之间存在冲突，但在艺术上又相互欣赏。

天哪，难道他就是大名鼎鼎的米开朗基罗吗？

那他对面那个老头是谁？

米开朗基罗是意大利著名的画家、雕塑家和建筑师，是当时艺术水平最高峰的代表。他的绘画作品气势宏大，雕塑作品雄伟健壮，主要作品有《创世记》《最后的审判》《大卫》等。

但我喜欢表现力量，看着吧，达·芬奇！我会超越你，现在我得走了！

我相信会有这么一天的。

达·芬奇？上帝啊，我见到了我的偶像！

我一定要拍张照片给同学们看看！

我们过去吧。

达·芬奇是文艺复兴时期最著名的艺术大师之一，他除了是一位技艺高超的绘画大师，还是建筑师、雕塑家、发明家、解剖学家、数学家、音乐家、物理学家和机械工程师，被誉为"人类智慧的象征"，代表作品有《蒙娜丽莎》《最后的晚餐》等。

哦，是的，他说我的成功无非是靠勤奋。

我没听出这有什么不对。

哦，不，对于艺术来讲，除了勤奋，更多的是靠天赋。

他是说我还算不上成功的艺术家。

拉斐尔，你是个天才，米开朗基罗也是，但他不太会与人交往。

拉斐尔？妈妈咪呀，真不敢相信，我见到了3位传说中的艺术大师！

是啊，他总是独来独往，但他的《创世记》真令人震撼。

《创世记》是米开朗基罗根据《圣经》中的故事，用四年多时间创作的巨幅天顶画，面积近500平方米，有300多个人物。由于长期仰视创作，当米开朗基罗完成这一巨作时脖子已经严重变形，而创作期间掉下来的颜料碎屑，让他几乎失明。

如果说达·芬奇是广博的大海，米开朗基罗是巍峨的高山，那么拉斐尔就如林间草地上的清泉。作为文艺复兴时期的天才画家，他的作品优雅而秀美，只是，拉斐尔的闪耀如流星般转瞬即逝，去世时年仅37岁。

这几位是……？

他们是来自中国的旅行者，而这位自称是来自未来世界的人。

你好，拉斐尔先生。

哈，我一点都不觉得惊讶，我们还经常说您是外星来的。

哈哈哈哈。

……

鸟翼滑翔机

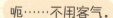
直升机

这些想法和设计都超越了时代，怪不得拉斐尔说达·芬奇来自外星。

坦克

对了，拉斐尔，你来找我做什么？

你忘了吗，丽莎夫人已经在花园等着了。

哦，是的，谢谢你提醒我这件让人头疼的事。

呃……不用客气。

怎么回事？

想想美丽的森林、流淌的小溪，草地上玩耍的孩子，一切让人觉得开心的事。

那你们倒是说一些让我开心的事啊。

无聊……

让我来，其实让人笑非常容易，比如……

做个鬼脸。

故意出糗。

不小心摔倒。

听着，拉斐尔，这种傻笑比哭好不了多少。

你看，她笑了。

哈！哈！哈！

《蒙娜丽莎》是达·芬奇的代表作品，"蒙娜丽莎的微笑"被称为是最美的微笑。据说不管你从任何角度看这张画，都会觉得她在对你微笑。数百年来，无数人对这幅画着迷，但却想不出她为什么会有这样的笑容。

我来找您还有一件事，我的《雅典学院》即将完成，想给您个惊喜。

哦，我喜欢惊喜，我们一起去看看吧。

《雅典学院》是拉斐尔的代表作品，他打破时空界线，将古希腊不同时期的著名哲学家、数学家、天文学家等汇集在一起，他们或坐，或立，或独自思考，或互相辩论，展现出了那个文艺黄金时代的自由和辉煌，表达了对美好未来的向往和对智慧、真理的追求。

哎，中间那个穿红衣服的老头儿跟你挺像啊！

哦，哈哈哈哈，拉斐尔，你真是太高看我了。

但在我心里您就是这个位置，我从您那里学到了很多。

啊，这个是米开朗基罗。

这个一脸严肃的家伙确实跟他挺像。

意大利儿童节

意大利的儿童节是每年的 1 月 6 号。据说这天晚上，会有一位骑着扫帚的女巫从烟囱钻进屋子里，把糖果装进袜子里送给孩子们。而且，只有在过去一年中表现好的孩子会收到女巫送来的糖果，调皮捣蛋、爱做恶作剧的孩子只能收到黑炭。

嗨，莫妮卡，今天怎么这么晚才回来？

我们去了一个超赞的地方。

小编插话

以前，调皮的孩子可是真的会收到炭哟，现在则是一种黑色的糖果，看，是不是真的很像黑炭？

把袜子挂在床头会有糖果？

糖果袜子是什么？

是吗？玩得开心就好。

你的糖果袜子准备好了吗？

哦，天啊，我都忘了，明天就是儿童节了。

不跟你们说了，我得赶快去准备了！

用来装糖果的袜子呗，把袜子挂在床头，第二天就会有糖果了！

用来装糖果的袜子肯定是新袜子喽，而且很多"不甘平凡"的意大利小朋友都会自己亲手制作属于自己的糖果袜。比如用收集的糖果纸、礼物包装纸、穿旧的衣服裤子等来做袜子。

噢，莫妮卡，你这身装扮可真酷！

谢谢，看，好多糖果哟！

悟净，你怎么看起来没精打采的？

昨天晚上，二师兄不知什么时候把他的袜子挂床头了……

真是难为你了。

是你说把袜子挂床头就会有糖果的！

就算女巫去给你送糖果，也会被熏出来！

这个只有小孩子才会有，还好小松鼠昨晚在我房间。

莫妮卡，快来吃饭，你肯定不想耽误今天的游行吧？

你们先去吃饭吧，我得去把房间通通风。

沙师弟，过分了啊！

儿童节这天，意大利的爸爸妈妈们会用女巫玩偶、贴纸、各色的糖果袜装饰屋子，大街小巷都充满了节日气氛。

意大利的儿童节和基督教的传统节日主显节是同一天。这天，人们会打扮成巫师的形象走上街头庆祝，举行主显节和儿童节的游行。当然，除了巫师，你还可以装扮成任何你喜欢的形象。

二师兄，要再多加点儿洗衣液吗？

西游国际

来自 PC 家庭端

西游国际官方认证

去过佛罗伦萨，你才能真正体会到意大利的艺术气质和浪漫；了解了文艺复兴，你才能理解意大利人的那份自豪和骄傲；看过那一件件精琢细磨的艺术品，你才能明白意大利人为何至今仍对纯手工技艺那么执着。他们对艺术的尊重与热爱是发自内心、融入灵魂的。

PS：列昂纳多·达·芬奇真的是外星人吗？

| 阅读 375020 | 转发 72 | 371 | 2046 |

宙斯：看来还是有很多人记得我们的历史的，深感欣慰。
玉帝：文艺复兴的题材大部分都是《圣经》故事好吗？
如来：言之有理。
宙斯：文艺复兴中"复兴"的是什么？好好读读书吧。
宙斯：@如来 你还好意思说我？
网友 1：这才叫深度游。
网友 2：达·芬奇停留在想象而已。
大唐盛世：合作的事再考虑考虑？可承担部分旅行经费哟。
玉帝：我觉得可以考虑。
大唐盛世：有你啥事儿？

谁先落地

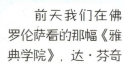

前天我们在佛罗伦萨看的那幅《雅典学院》，达·芬奇旁边那个人是谁？

他旁边不是你吗？

他是说画里那个。

画里的？哦，你是说柏拉图旁边吧？

柏拉图？

嗯，跟列昂纳多很像的是柏拉图，他旁边的人是亚里士多德。

亚里士多德？

在中世纪，亚里士多德的话就是真理，但他也有说错的时候。

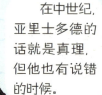

当然，没有谁会永不犯错。

柏拉图是古希腊最伟大的哲学家和思想家之一，他善于通过对话阐述深刻的哲学思想。同时他也是亚里士多德的老师。

亚里士多德同样是伟大的哲学家、科学家和教育家，他是亚历山大大帝的老师，在多个领域都有重要的研究。在中世纪，亚里士多德被奉为不可逾越和质疑的权威。

呃……这个好像没什么错吧?

比如他说,两个铁球同时从高空落下,重的肯定比轻的先落地。

不对,每次我跟猴儿哥从天上下来,都是他先落地。

你忘了我耳朵里还有1万多斤的铁棒啊。

不对,应该是同时落地!

什么?除非把我俩捆在一起……

那画面想想都觉得奇怪……

这个早就被伽利略证实了。

伽利略?

天哪,我该怎么跟你们解释,明天去比萨!

吃比萨?

拜托,比萨是一座城市!

63

比萨之旅

比萨城位于佛罗伦萨的西边，曾经是一个繁荣的海上共和国，是历史名城。如今它的名气大多是来自比萨斜塔。比萨斜塔是意大利的标志，除了它独特的造型，伽利略的"斜塔实验"更是让它举世闻名。

比萨斜塔始建于1174年，因为这里土质松软，建到第三层时，塔身就开始倾斜。当时想不到修正的方法，加上中间多次爆发战争，所以这座塔修建了将近200年才完成。

这可真有意思。

这么说来工程师的失误反而成就了奇迹？

其实是因为没有仔细考察地层，结果还没盖完，一侧地基就下陷了。

居然能想到把塔建成斜的，真是天才设计。

圆柱形的塔还是第一次见。

伽利略的启发

你带我们来这里不是来找什么伽利略的吗？

伽利略是16世纪的人，想见他得借你们的宝盒喽！

他竟然要挑战亚里士多德的理论。

哈，多么愚蠢的年轻人啊！

看！那家伙站得那么高不是想不开吧？

嗨！捣什么乱，他就是伽利略。

请大家看好了！

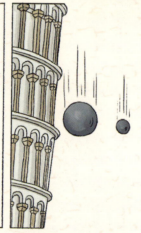

哦！天哪，我看到了什么？！

难道亚里士多德错了吗？

上帝啊，我该相信谁？

你们该相信自己的眼睛。

你们好像不是本地人。

他们不相信轻的和重的东西能同时落地，所以就带他们来看一下。

这么说这个问题你早就知道答案？真是太了不起了！

两个铁球重量不同能同时落地，如果是羽毛和铁球呢？

我想在某种条件下它们也会同时落地，但在验证前，我无法给你答案。

小编插话

羽毛和铁球同时下落时，能同时落地吗？答案是：能，前提是在真空环境下，而且都下落得很慢。你能想象那样的场景吗？

这就是你和亚里士多德的区别，一个只靠猜想，一个需要验证。

看来，权威不一定都正确。

是的，有时1+1就不一定等于2。

文艺复兴之前，欧洲人对自然的认知大多来自亚里士多德的理论，通常只是观察、思考，然后辩论，而伽利略是第一个成功打破亚里士多德权威的人。在此之后，自然科学才真正"科学"起来，他也因此被称为"近代科学之父"。

没错，比如1个八戒不管加多少个比萨，都只可能等于1。

哈哈，这可真有意思。

这一点都不好笑。

亚里士多德误导了那么多人，拉斐尔居然还那么推崇他。

虽然他的一些理论被推翻了，但这并不影响他的伟大。

是的，除了提出质疑，还得能够去证明自己的判断。

一起动手——伽利略式望远镜

呃……抱歉，我可以看一下这个吗？

这叫望远镜。

真是奇妙，我能拆开它看看吗？

呃……这……

当然可以！

希望拆完还能装好。

谢谢！

其实伽利略也是普通人，他跟我们一样，喜欢观察大自然和生活中一切新奇的事物，心里有无数个为什么，而且他非常喜欢探寻"为什么"的答案。尊重孩子的想象力和创造力吧，每个孩子都是天才。

咱们一起来做一个伽利略式的望远镜，来证实一下吧！

让我来找找材料。

一片凹面镜	老师戴的近视眼镜就是凹面镜，但别拆老师的眼镜哟，不然我要被骂了。
一片凸面镜	就是常见的放大镜了。
两个硬纸筒	可以直接用几张白卡纸卷，也可以找薯片盒子或者羽毛球盒子等。
双面胶、胶带、泡沫袋	
剪刀	

凸透镜要比凹透镜大。

1 在一张纸上粘上双面胶。

2 将镜片立在纸上，卷成筒状。

3 用胶带将纸筒粘牢。

4 如果选用的纸比较薄，可以多卷几层，避免透光，也能让镜筒更结实。

5 根据镜片大小做一大一小两个镜筒。将小镜筒插入大镜筒。如果缝隙过大，可以用泡沫袋缠绕，或者继续用纸卷填充，能够自由伸缩最好。

6 将镜筒涂上你喜欢的颜色，一架简易的伽利略式望远镜就做好了。

哇，居然真的成功了，你真是个天才。

如果我想看得更远呢？

这应该和两个镜片的焦距有关。

小编插话

望远镜放大倍率 = 物镜（凸透镜）焦距 ÷ 目镜（凹透镜）焦距。放大倍率越大，远处的物体看着越近哟。

时尚米兰

米兰曾是西罗马帝国的首都，公元前4世纪创建，是历史文化名城。如今它是世界时尚与设计之都，是无数设计师向往的地方。

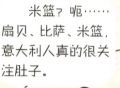

米兰不仅是时尚之都，还是意大利的足球圣地。足球在意大利是国民运动，全球四大甲级联赛就包括意甲、西甲、英超和德甲。欧洲著名的足球队 AC 米兰和国际米兰足球俱乐部的驻地就在这里。

埃马努埃莱二世长廊

　　这里是欧洲最美的商业拱廊之一，也是全球高档时尚商品的集结地。长廊上方有一个巨大的玻璃圆顶，下面古典风格的建筑上有着精致的雕刻和壁画，当阳光从圆顶照下，整条长廊就泛着金色光辉。

米兰大教堂

整座教堂如同一座高山，又像纯白的火焰，教堂外面有 100 多座尖塔直插云霄，每座尖塔上都有一座雕像，最高的塔尖上是圣母玛利亚的镀金雕像。

米兰大教堂是文艺复兴时期具有代表性的建筑物，是意大利规模最大的教堂，也是世界五大教堂之一，500 多年间倾注了欧洲无数顶尖艺术家的心血和智慧。教堂从上到下，从外到里都布满了精致的雕饰，像一件精美的艺术品。

教堂内部除了众多雕塑，最引人瞩目的就是数不清的彩色绘画玻璃。这些绘画的内容都是以《圣经》故事为主题，据说最初是为了让那些不识字的人也能看懂《圣经》。当阳光透过彩色玻璃照进来时，整个教堂五彩斑斓，充满了神圣感。

这些雕塑和绘画实在太美了，看着它们心里马上就平静下来了。

是啊，无论是谁到了这里都是平等的。

我一点儿都不喜欢这样的感觉。

一点儿都不热闹，我都犯困了。啊——

我知道有个地方，现在绝对是世界上最热闹的地方！

哪里？

你们去过的，威尼斯。

威尼斯狂欢节

威尼斯狂欢节是当今世界上历史最悠久和规模最大的狂欢节之一，冬去春来之际，威尼斯人会穿着独特的节日盛装走上街头狂欢，打破冬天的清冷，迎接崭新的春天。

面具是威尼斯狂欢节的最大特色，戴上面具之后，人们所有的差异都暂时被消除，你看不出对方是贫是富、是老是少、是男是女，大家平等相待。

小编插话

威尼斯狂欢节每年举行的时间不定，一般会从2月中旬开始，持续两周时间。

狂欢节期间每天都会有不同的活动，如开幕式、天使飞翔、玛利亚节、面具服饰选美大赛等。

图书在版编目（CIP）数据

翻个筋斗去意大利 / 恐龙小Q儿童教育中心编. —— 成
都：天地出版社，2022.1
（西游记者）
ISBN 978-7-5455-6675-8

Ⅰ．①翻… Ⅱ．①恐… Ⅲ．①旅游文化－意大利－青
少年读物 Ⅳ．①F595.46-49

中国版本图书馆CIP数据核字(2021)第237963号

FAN GE JINDOU QU YIDALI
翻个筋斗去意大利

出 品 人　杨　政
编　　者　恐龙小Q儿童教育中心
责任编辑　曾　真
装帧设计　王娇龙
责任印制　白　雪

出版发行　天地出版社
　　　　　（成都市槐树街2号　邮政编码：610014）
　　　　　（北京市方庄芳群园3区3号　邮政编码：100078）
网　　址　http://www.tiandiph.com
电子邮箱　tianditg@163.com

印　　刷　昌昊伟业（天津）文化传媒有限公司
版　　次　2022年1月第1版
印　　次　2022年1月第1次印刷
开　　本　889mm×1194mm　1/16
印　　张　5
字　　数　320千（全4册）
定　　价　180.00元（全4册）
书　　号　ISBN 978-7-5455-6675-8

恐龙小 Q

　　恐龙小 Q 是大唐文化旗下一个由国内多位资深童书编辑、插画家组成的原创童书研发平台，下含恐龙小 Q 少儿科普馆（主打少儿科普读物）和恐龙小 Q 儿童教育中心（主打儿童绘本）。目前恐龙小 Q 拥有成熟的儿童心理顾问与稳定优秀的创作团队，并与国内多家少儿图书出版社建立了长期密切的合作关系，无论是主题、内容、绘画艺术，还是装帧设计，乃至纸张的选择，恐龙小 Q 都力求做到最好。孩子的快乐与幸福是我们不变的追求，恐龙小 Q 将以更热忱和精益求精的态度，制作更优秀的原创童书，陪伴下一代健康快乐地成长！

原创团队

策 划 人：李　鑫
艺术总监：蘑　菇
统筹编辑：毛　毛
创作编辑：陶胜杰
绘　　画：焦金禹　任　婕
设　　计：王娇龙　乔景香

西游记者

4

番羽个筋斗
去西班牙

恐龙小 Q 儿童教育中心 编

天 地 出 版 社
TIANDI PRESS

目录

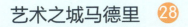

临时计划

你们这么快就要走了吗?

意大利是我们停留得最久的国家了。

我们也舍不得,尤其是这里美味的比萨、意面和冰淇淋。

你们走之前能不能再帮我实现一个愿望?

可是越光宝盒的能量都快被消耗光了。

不是,给你们这个。

谢谢,莫妮卡,我们会再来看你的。

这是我们的房费,谢谢你们的款待。

天竺,也就是现在的印度。

你们要去哪儿?

啊???

莫妮卡,记住八折可比九折便宜。

公牛是宙斯的化身和形象之一，欧洲神话中，宙斯曾变成一头雄健的公牛将一位美丽的公主带到了一座海岛上，之后那里诞生了欧洲文明。那位公主名叫欧罗巴，欧洲的全称就是"欧罗巴洲"。

小编插话

至于为什么如来会郁闷，这个问题要考考各位家长朋友。

欧洲南大门——西班牙

西班牙位于欧洲西南部，是欧洲与非洲文化交流的重要枢纽。这块土地曾先后被古罗马人、阿拉伯人和摩尔人统治，因此也留下了很多不同文化的遗迹。这里的人们热情、乐观，而且富有冒险精神。

马德里太阳门广场

邮政大楼

邮政大楼是广场上最大的建筑，顶上钟楼的时间被西班牙人视为"标准时间"。新年，人们会在广场聚集，听着新年的钟声，吃下12颗葡萄，祈愿来年有好运。

宙斯也是小家子气，欧洲人每年吃的牛不计其数，怎么突然和牛较上劲了？

看来西班牙也保留了罗马的建筑模式，城市以广场为中心。

这里就是西班牙了。

单纯的吃和挑衅可不一样，谁让宙斯自己也喜欢变成牛呢。

"0 起点"

邮政大楼前的人行道上，有一块带有半圆图案的地砖。这是西班牙的"零公里"标志。环里是伊比利亚半岛地图，西班牙全国道路的里程都从这里开始计算。

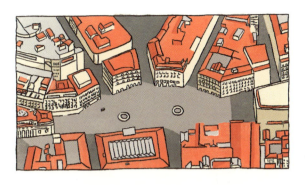

太阳门广场

　　太阳门广场是马德里的中心广场,被众多市政建筑围绕,曾是马德里的东大门。广场呈半圆形,马德里的多条道路从这里向四周发散。从高空看,像是海平面初升的太阳。

小编插话

　　太阳门广场见证了西班牙很多历史时刻,如抗击外来入侵,颁布第一部宪法等,在西班牙人心中有很重要的地位。

卡洛斯三世雕像

　　卡洛斯三世是出生在马德里的西班牙国王,他执政时期对马德里进行了很好的建设,因而被这里的人民永远纪念。

熊与树莓雕像

　　熊与树莓雕像是马德里的标志性建筑,很多西班牙人都喜欢把这里作为相约见面的地点。

西班牙斗牛

那咱们从哪里入手？

让我再找一找。

这街上除了几匹马，一根牛毛都没有。

嗨，朋友，你们在这儿东张西望，是要找什么吗？

你认识我们吗？

不认识，这有什么关系？只要我能帮到你们就可以了，不是吗？

呃……好像也对。

据说你们这里的人喜欢挑衅公牛，在哪里能看到？

挑衅公牛？你们是说斗牛吧？

应该是……

今天你们是看不到了，明天在拉斯班塔斯会有一场。

拉斯班塔斯是哪里？

斗牛是西班牙的国粹，最早起源于古代杀牛祭祀，后来演变为与公牛搏斗的勇敢者的游戏。西班牙曾被古罗马统治，据说恺撒大帝就喜欢骑马挑战公牛。曾经很长一段时间，斗牛是贵族才能参与的运动。

斗牛士被视为英勇无畏的男子汉，备受西班牙人敬仰与崇拜，很多西班牙孩子都希望自己成为一名斗牛士。但这也是一项危险的运动，想象一下一头长着一对尖角，重达四五百公斤的猛兽，狂怒地向你冲过来是怎样的场景。

见习斗牛士

斗牛运动是勇气、力量与技巧的结合，并不是每一位斗牛士都能在斗牛场全身而退。西班牙每年都会有因斗牛而受伤甚至死亡的斗牛士，但这也正是斗牛士能获得尊重的原因之一。想要真正走进斗牛场，必须经过长期的专业训练。

对于普通人来讲，独自面对发怒的公牛，那种恐惧不是轻易就能克服的。并不是每一个见习生都能成为斗牛士，但他们却在训练中学会了热情、勇敢、直面挑战和面对挑战时保持专注和冷静。

悟空观察

独特的西班牙作息

西班牙作为一个独特的国家，独特的生活习惯表现在方方面面。虽然很多欧洲国家饮食和作息时间上也和我们存在差异，但比起西班牙，还是小巫见大巫了。

悟净辛苦了。

现在都 11 点了，咱们快去找点儿吃的吧。

我定了两间房，都已经收拾好了。

这家店看着很有特色。

怎么关着门？

有人吗？

我们还没开始营业呢，有事吗？

什么？这都到午饭时间了，你们还没营业？

我们午餐的营业时间是 13:30~15:30。

你们这里的人都这么晚才吃饭吗？

周一至周日
午餐：13:30-15:30
晚餐：20:00-24:
圣诞节休息

是的，你们可以先随处转转，一会儿再过来。

好吧。

我开始想念意大利了。

咕噜！

唐僧笔记　据老板说，西班牙人的早餐通常在 8 点左右，上班和上学的时间从 9 点半开始，所以很多景点都是 10 点才开门。11 点左右会有一次简单的加餐，一般是咖啡和小点心，午餐时间要等到下午 1 点半之后了。

师父，现在离 13:30 还早着呢，我都要饿晕了。

为师也有些饿了，要不……悟空？

我可没地儿化斋去，吃点儿零食吧。

两个半小时后

老板，快给安排座位，老猪饿得已经没力气了。

怎么现在才过来，都15:30了，我们要关门了。

什么？！

现在明明是 13:30！

二师兄，你不是饿得没力气了吗？

你看我们是外地人就欺负我们是吗？

唉，不好意思，我以为你们知道的。

到底是怎么回事？

悟空，冷静！冷静！

我们西班牙的时间会比标准时间快 2 小时。

什么？！

没关系，为表示歉意，今天为你们延长营业时间，请进吧。

小编插话

西班牙位于欧洲的西南部，但从二战期间就使用了与德国相同的中欧时间。这就比标准时间快 1 小时。到了夏令时，又会再调快 1 小时。所以当夏日标准时间是 13：30 时，西班牙时间是 15：30。

西班牙饮食

西班牙三面环海，农牧业发达，牛羊肉和海鲜非常丰富，盛产橄榄油。西班牙火腿更是国际知名，这里可以说是肉食者的天堂。闲适的生活和丰富的食材让这里成为世界著名的美食国度。

这上面吊的是什么？

哦，正宗的伊比利亚火腿，上等猪腿肉，要来一些吗？

呃……不了、不了……

伊比利亚火腿

伊比利亚火腿是世界最著名的火腿之一，需要腌制好几年。原料是当地牧场里只吃橡子的散养黑猪。

西班牙海鲜饭

西班牙海鲜饭是西班牙最传统和最有名的饭食之一。在米饭里面加入各种海鲜，还有其他肉类和蔬菜，慢慢炖煮，让米香与海鲜的鲜味完美融合。

塔帕斯

西班牙代表性小吃，分量少，种类多，一次能吃到很多口味，这也是西班牙悠闲生活的体现。

安达卢西亚冷汤

西班牙人夏日消暑的首选，番茄配上黄瓜等新鲜蔬菜搅拌成汁，加入大蒜、橄榄油，还要撒上碎面包和火腿粒，吃起来清爽而不生冷。

土豆鸡蛋饼

西班牙传统特色食物，也可以加入奶酪，更加香气四溢。

西班牙油条

最经典的西班牙早餐，在各地有不同"款式"，环形、心形、实心、空心、夹心。撒糖或者撒盐全凭喜好。口感爽脆，一杯热巧克力是它的最佳搭档。

西班牙墨鱼饭

用乌贼或鱿鱼加上米饭制作，也可以加入其他海鲜，但你要先接受它的颜色，才能尝到它的美味。

红烩牛尾

牛尾和土豆搭配各种酱料，用红酒和橄榄油焖制，色泽红润，汁味浓厚，肉质鲜嫩。

炸奶酪卷

奶酪加海鲜或肉类炸成的小卷，鲜香滑嫩，是西班牙妈妈们的拿手菜。

马德里烩菜

马德里当地的特色美食之一，牛肉、猪肉加上豌豆、胡萝卜、土豆、甘蓝等，营养丰富。

一大份全素冷汤，四份不加蛋的土豆饼。

什么？还是第一次有人这么点餐。

我现在更想念意大利了。

八戒，要随遇而安，知道吗？

好吧，那能多要几份土豆饼吗？

夜色中的马德里

由于特殊的作息时间，晚上的西班牙才是最具活力的，当其他国家的人们准备睡觉时，西班牙的夜生活才刚刚开始，傍晚十点看日落并不是天方夜谭。餐厅、酒吧都会一直营业到凌晨，当然公交车也是。

现在都下午9点了，天居然还这么亮，真不习惯。

咱们还是赶紧把时间调整一下吧。

是啊，不然真要明天下午5点过去，斗牛都要结束了。

啊，太困了，我想回去睡觉了。

为师也有点不太适应，咱们还是回酒店吧。

师父，我还不困，要不你们先回去吧。

这么晚了还这么多人，怪不得他们要睡超长午觉了。

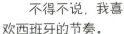
不得不说，我喜欢西班牙的节奏。

我已经睡了一觉了，起来把微博更新一下。

师父，还没睡啊？

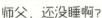

西游国际
西游国际官方认证区

西班牙是我们旅行中到过的最独特的国家，独特到一开始就很难适应。餐厅的老板说，西班牙人一天可以吃 5 顿饭，午餐和晚餐之间会有小小的加餐，即便是上班族也是如此。他们不喜欢紧迫感，更享受就餐时的慢时光。

阅读 276 000	转发 627	260	3020

宙斯：嘿，你们别光顾着玩儿，赶紧办正事啊。
唐僧：今天错过了，明天就去。
玉帝：@宙斯 我说，意大利的劳务费什么时候谈谈。
宙斯：私信。
八戒：是啊，我们现在只能拿土豆饼当主食了。
如来：八戒，要随遇而安，阿弥陀佛。
八戒：@如来 您真不愧是我师父的师父……

斗牛士团队和公牛

斗牛服

斗牛服被称为"光之衣",只有斗牛士才能穿着,通常是用红色、紫色、蓝色、绿色等鲜艳的颜色加上镀金刺绣,质地坚硬,是斗牛士的铠甲。

短披风,色彩绚丽,只在入场时穿着,通常披在左肩,缠绕在身上。

斗牛士的武器

一位斗牛士会有三把剑。一把假剑,在斗牛时拿在左手,但只是用于增加观赏性。

一把制作精良的长剑,剑尖有一定弧度,剑身有凹槽,用于在最后阶段刺入公牛身体。

一把剑尖呈十字形的利剑。

一张叫作穆雷塔的红色斗篷,用来在斗牛时引怒公牛,也是斗牛士的主要道具。

斗牛帽

斗牛士的标志之一，象征牛角，赛前赛后拿在手中向观众和主席台（评委）致意。帽子上带有一个像是发髻形状的护具，既体现传统，也可以在跌倒时保护后脑。

斗牛士的团队

两名手持长矛的骑马斗牛士，刺伤公牛的背，激怒公牛，他们和马都要穿着盔甲。3~4名助理斗牛士，手持粉色斗篷，引逗公牛，在骑马斗牛士和主斗牛士遇到危险时及时引开公牛注意力，并负责给公牛插上花标。

鞋子

错误的时间滑倒可能会给斗牛士带去灾难，所以斗牛士要穿着特制的斗牛鞋，鞋底加重并带有勾爪。

花标

一头带有锋利倒钩的彩色装饰木棍，会留在公牛背上，持续降低公牛体力。

斗牛

西班牙斗牛选用的是天性暴烈好斗的北非公牛，并经过改良。它们被安排在特殊的斗牛驯养场驯养4~5年，享受着最好的待遇。在非洲草原上，即便是狮子也不敢轻易招惹公牛。

真正的挑战

每逢重大节日，西班牙都会举行斗牛表演，通常一场比赛中会有 3 名斗牛士对战 6 头公牛。从每年 3 月份的圣约瑟夫日开始，到 10 月 12 日西班牙国庆节是斗牛季。

嗨，唐先生！

嗨，保罗！

悟空观察

西班牙亲朋好友之间见面会行"贴面礼"，先右后左，各碰一下。第一次见面也可以并不真的碰到，但即便如此嘴巴也要发出"木么"的声音。

拉斯班塔斯斗牛场

西班牙最著名的斗牛场，可同时容纳约 25000 名观众。

能在这里进行表演是每一个斗牛士的梦想。

这座斗牛场有什么特别的吗？

没在拉斯班塔斯表演过的斗牛士算不上顶尖级的斗牛士。

在这里，成功了将被推上顶峰！

早有准备……

失败了，也将被推下深谷……

呃……保罗，快开始了，咱们还是赶紧进去吧。

哦，对对对，我们快进去吧。

快看，斗牛士们进场了。

怎么这么多人，哪个是斗牛士？

就是那三个穿金光闪闪斗牛服的人。

好漂亮的衣服，还真是金光闪闪啊。

只有最高级别的斗牛士才能第一个出场，迎战第一头公牛。

第一阶段，骑马斗牛士会用长矛刺牛背，方便斗牛士最后用利剑从伤口刺入牛的身体，同时也是为了激怒公牛。助理斗牛士们会拿粉色斗篷时刻准备转移公牛的注意力，否则发怒的公牛足以将你连人带马掀翻在地。

第二阶段，助理斗牛士会在牛背上插上花标，降低公牛脖子的力量。一般要插上 6 个，至少要 4 个。如果这个阶段成功插上的花标比较少，主斗牛士会更加危险。

不要小看公牛的杀伤力，即便这样，公牛依然在力量上占优势。

是啊，干吗不直接对抗！

这对牛也太不公平了。

第三阶段，主斗牛士上场，左手用假剑，右手持红色斗篷挑衅公牛，并能让观众感受到力量、技巧和美感，这个过程一般不能超过 10 分钟，是最危险和最精彩的环节。

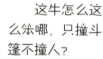
这牛怎么这么笨哪，只撞斗篷不撞人？

我听说牛只有看到红色的东西才会发怒。

斗牛士用一块布来控制公牛，需要极高的技巧，如果公牛注意力分散，就会攻击斗牛士。每年都会有很多斗牛士在表演时受伤，甚至丧生。

最后是刺杀阶段，也叫"入剑"。斗牛士必须优雅、准确而迅猛地从牛背一剑刺入公牛心脏。这是最难的环节，如果公牛没有立即死亡，斗牛士会用另一把剑迅速将其杀死。如果两次都没有杀死公牛，斗牛士就失败了。

观众会挥舞手中的白色手帕表达自己对斗牛士的认同，如果斗牛士整场的表现都很完美，他将得到最高的奖励，两只牛耳和一条牛尾，但这种情况很少；其次是两只牛耳；再次是一只牛耳。表现不佳的斗牛士只能得到观众的口哨声和嘘声。

不管斗牛士是否成功，牛最终都会被杀死吗？

大部分是这样的。如果公牛的勇猛得到认可，它就能得到赦免，回到牧场过更好的生活。

我无意冒犯，但这样的比赛我不想看第二次了。

西班牙同样有人反对，比如巴塞罗那就禁止斗牛了。对了，明天在潘普洛纳会有很刺激的奔牛节。

这种事还是悟空你们去吧，我想明天到处走走。

我还是陪师父喽。

开车到那边至少要2个小时，但活动明早8点就要开始了，我们现在就走吧。

明早7点你到我们旅馆门口，保证你误不了事。

呃……好吧，虽然我不太……好吧，明天早上7点。

疯狂奔牛节

西班牙人喜欢展现自己的勇敢和冒险精神，但不是每个人都能成为斗牛士。于是，"低配版"斗牛——潘普洛纳奔牛节成为西班牙极受欢迎的活动。奔牛节的正式名字叫圣费尔明节，是为了纪念城市守护神圣费尔明。

看我给你们带来了什么？这是参加奔牛节的标准服饰，快去换一下吧。

这是童装吧。

不好意思，实在找不到适合你的尺码。现在，我们要怎么准时赶到那边呢？

简单，闭上眼睛。

奔牛节已经有数百年的历史，最早是为了把公牛从城外驱赶到城内的斗牛场，但这并不容易。后来有人跑到公牛前面，引逗公牛追赶，效果不错。而年轻人们也乐于展示自己的勇敢和敏捷，于是就形成了奔牛节。

酷！这究竟是怎么做到的？

嘿，你们是什么时候冒出来的？怎么还带个轮胎？

你这眼神儿也敢出门？

听着伙计，冒险和挑战并不等于自找麻烦。

什么意思？

你的朋友这么胖，挑战公牛不是自找麻烦吗？

呃……这个我倒没想到。

这家伙有点看不起你啊。

哼！一头牛而已，给我来十头。

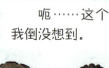

"奔牛之路"是一条全长800多米的狭窄石板街道，牛群会在2~3分钟的时间内高速通过，一直跑到斗牛场才停止。参与者必须在公牛前面全速奔跑，但也避免不了"人仰牛翻"。

街道上会有隔离栅栏，栅栏两边是观众和随时准备救助伤者的医护人员。街道两边的阳台上会挤满观众，如果想要有个好位置，最好提前占位。

奔牛节在每年的 7 月 6 日中午 12 点开幕，奔牛活动从第二天的 8 点开始，到 14 日，每天早上都会有十多头凶猛的公牛在"奔牛之路"上横冲直撞。

这些牛是真正的斗牛，所以每年的奔牛节上都会有人受伤，有人甚至因此失去生命，但这项活动依旧深受欢迎，因为这是西班牙人展示个人胆识和技巧的机会，不敢参与奔牛的男人会被人瞧不起。对于西班牙人而言，荣誉是高于生命的存在。

等到公牛进入牛栏后，体形稍小一些的牛和母牛会被送到斗牛场和观众们一起玩。它们的角一般会经过处理，比如包起来，或者磨得钝一些，但受伤的事情还是时有发生。

漂亮！

嘿！伙计们，你们今天可是大出风头啊。

我叫佩雷斯，以后去巴塞罗那我一定招待。

你好，佩雷斯，我们是来自中国的文化记者。

我叫保罗，来自马德里。

行了行了，别客套了，赶紧回吧，累死俺老猪了。

除了奔牛和斗牛，节日期间还有很多其他活动，比如巨大的人偶游行、露天派对和焰火表演等，每天的狂欢都可以持续到深夜。

艺术之城马德里

悟空和八戒去了潘普洛纳，唐僧和沙僧也没有闲着。西班牙不仅有热情狂放的斗牛，同时还是世界知名的艺术国度。

索菲亚王后国家艺术中心

索菲亚王后国家艺术中心是世界最大的博物馆之一，主要收藏现代和后现代艺术风格的作品，镇馆之宝是毕加索的画作《格尔尼卡》。它表现了战争的残酷和人民的苦难，充满了现实主义。

西班牙艺术"金三角"

普拉多博物馆

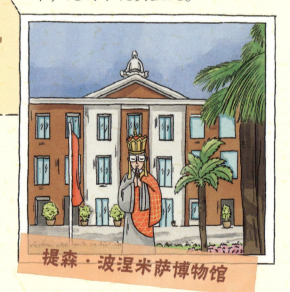

提森·波涅米萨博物馆

普拉多博物馆，收藏有哥雅、提香、拉斐尔、波提切利、鲁本斯、波许等绘画大师的作品。

这里是提森·波涅米萨男爵父子的私人收藏博物馆，有"西方艺术史的百科全书"之称，收藏有从13世纪到20世纪西方各个时期的大师绘画作品。

马德里王宫是西班牙历代国王的宫殿，也是全世界保存完好的宫殿之一。这里富丽堂皇，宫殿内藏有无数的金银器具、饰品和绘画、瓷器、壁毯、乐器等。

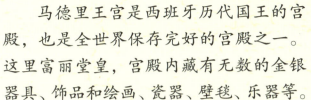

马德里王宫

罗马以多样的喷泉被称为"喷泉之都"，马德里则是以城市广场而闻名。这些广场各具特色，在晴朗的日子里，长椅上、草坪上，随处可见享受阳光的市民。

哥伦布广场

西班牙广场

马约尔广场

西班牙足球文化和酒馆

　　足球在西班牙被称为"国民运动""王者运动"，在西班牙的每个城市，甚至每所小学都有一定规模的足球场。同样，每座城市也都有数不清的酒馆。酒馆与足球已融入西班牙人的血液，构成了这个国家的文化。

皇家马德里足球俱乐部和巴塞罗那足球俱乐部，简称"皇马"和"巴萨"，是西班牙乃至世界顶级足球俱乐部。两支队伍从成立之初到现在，一直争得不可开交，他们之间的比赛也被称为"世纪之战"。

伯纳乌球场是皇家马德里的主场，对于皇马球迷来说，这里简直就是圣地般的存在。

我准备再找一家酒馆，要跟我一起吗？

不了，谢谢，我们想休息一下，去下一站了。

你们要去哪儿？

我想应该是巴塞罗那。

我会想你们的，巴塞罗那！祝你们好运！

好吧，谢谢你，保罗，我们也会想你的。

停！

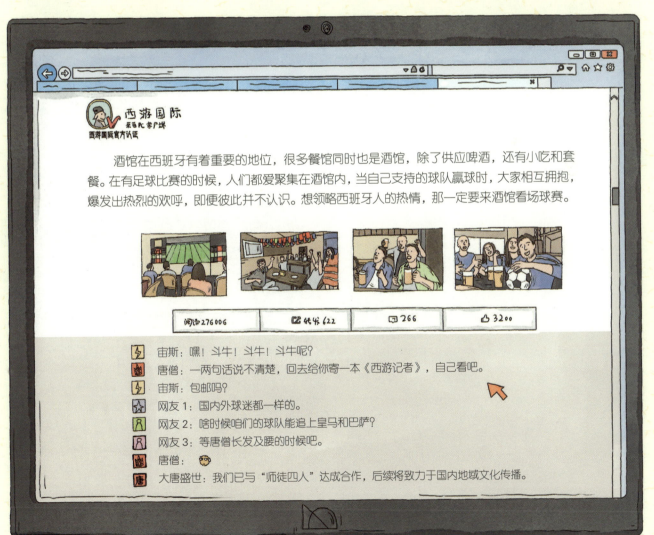

西游国际
天百化客户端
西游国际官方认证

酒馆在西班牙有着重要的地位，很多餐馆同时也是酒馆，除了供应啤酒，还有小吃和套餐。在有足球比赛的时候，人们都爱聚集在酒馆内，当自己支持的球队赢球时，大家相互拥抱，爆发出热烈的欢呼，即便彼此并不认识。想领略西班牙人的热情，那一定要来酒馆看场球赛。

| 阅读276006 | 转发622 | 266 | 👍3200 |

宙斯：嘿！斗牛！斗牛！斗牛呢？

唐僧：一两句话说不清楚，回去给你寄一本《西游记者》，自己看吧。

宙斯：包邮吗？

网友1：国内外球迷都一样的。

网友2：啥时候咱们的球队能追上皇马和巴萨？

网友3：等唐僧长发及腰的时候吧。

唐僧：😀

大唐盛世：我们已与"师徒四人"达成合作，后续将致力于国内地域文化传播。

梦幻巴塞罗那

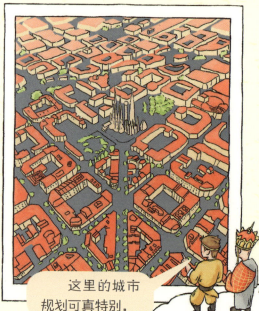

巴塞罗那是西班牙的第二大城市，充满活力和创造力。这里有着璀璨的文化、童话般的建筑、迷人的海滩和精妙绝伦的艺术品，被誉为"伊比利亚半岛的明珠"。

这里的城市规划可真特别。

简直是强迫症患者的天堂啊。

圣家族大教堂

圣家族大教堂是巴塞罗那最为知名的标志性建筑物，由传奇建筑师高迪设计建造。这座教堂已经修建了 100 多年，至今仍然没有完工，但却已经被联合国教科文组织列为世界文化遗产。

还从没见过这么特别的教堂。

既像玉米又像冰淇淋甜筒，设计师肯定很喜欢孩子。

我等不及要进去看看了。

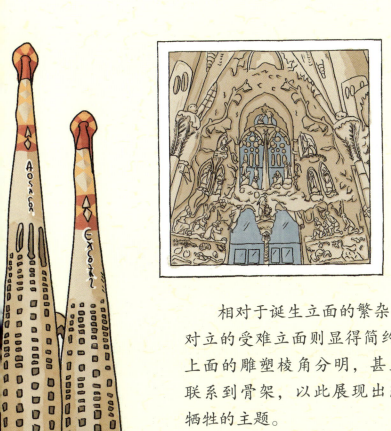

诞生立面，是高迪生前完成的部分，非常明显地体现了高迪自然主义的建筑风格。整个立面充满人物、植物和昆虫的雕塑，一派欣欣向荣的景象。

相对于诞生立面的繁杂，和它对立的受难立面则显得简约许多，上面的雕塑棱角分明，甚至让人联系到骨架，以此展现出悲痛与牺牲的主题。

受难立面上还有一块 3×3 的数字板，如果你仔细观察会发现这是一个 33 的数独。

小编插话

圣家族大教堂是高迪对自然美学的完美呈现。诞生立面朝东，迎接第一缕阳光；受难立面朝西，是最后受到阳光照耀的地方。当阳光呈 45° 角投射在立面上时，展现出来的效果是最佳的。

这座建筑精致而
奢华，倾注了高迪半
生的心血和全部的奇
思妙想。人们走入教
堂大殿，如同进入了
童话王国、精灵城堡。

诞生立面的一侧光线
以蓝色和绿色为主，象征
生命；受难立面的一侧光
线以红色和橙色为主，象
征鲜血。

虽然俺老孙很不想承认，但我确实被震撼到了。

这位建筑师到底是一个怎样的人啊？

高大的柱子像一棵棵参天巨树，光线透过彩色玻璃倾泻而下，像是阳光透过密林投下的光晕，宁静而绚烂。

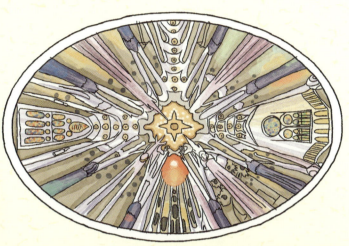

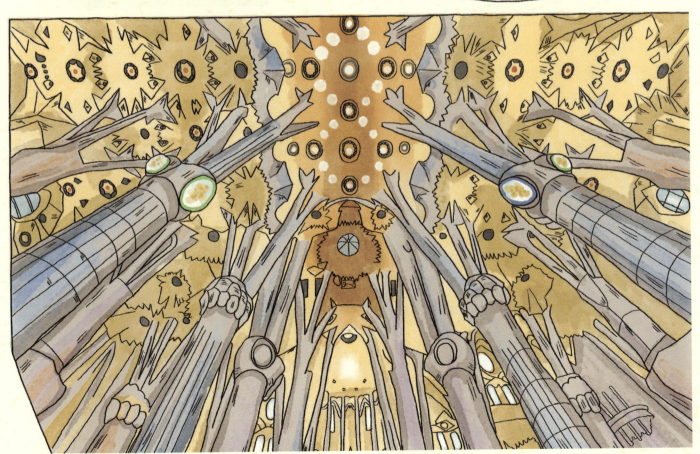

天才建筑师高迪

安东尼奥·高迪"天才建筑师"的称号没有人会质疑。在他的作品中，有17件被西班牙列为国家级文物，包括圣家族大教堂在内的7项是世界文化遗产。很多人将巴塞罗那称为"高迪之城"，城市中到处都能看到他的作品，当你走进这些无与伦比的建筑，仿佛走进了奇幻的世界。

维森斯之家

这是高迪设计的第一栋住宅，始建于1883年，如今是高迪博物馆。整座建筑运用大量异域元素，兼容了多种建筑艺术风格。

巴特罗之家

这是高迪根据英雄斩杀恶龙，拯救公主的童话故事构建出的"奇幻城堡"。外墙全部由彩色玻璃和马赛克镶嵌，仿佛是龙的鳞片，阳台和围栏像是巨龙的骨架，最顶上的两面窗像是囚禁公主的牢笼，室内如同与世隔绝的海底空间。

房子内部的设计秉承高迪一贯的风格，没有棱角，全是柔和的波浪形状。高迪曾说，自然界是没有直线存在的，直线属于人类，而曲线才属于上帝。

米拉之家

在这座建筑上高迪运用大胆的曲线设计，整栋建筑像是涌动的海浪，很有动感。屋顶阳台上有大量镶嵌着马赛克的烟囱，造型奇特，像是蒙面的士兵，又像是小孩子涂鸦的外星人。不同的时段，不同的光线会给予它不同的色彩。

奎尔公园

这里像是一个童话世界，几乎所有建筑都被贴上了各式各样的马赛克，在太阳光的照射下散发着迷人的色彩。公园里有孩子们梦想的"糖果屋"，守护着城市的"巨龙"（蜥蜴），还有世界上最长的彩色长椅。这条长椅其实是"百柱厅"的屋檐，它符合人体力学设计，每个弧度都恰到好处，靠上去非常舒服。

骑士小子

好累啊！咱们看了这么多房子，随便住一间也行啊。

你要住进去，那不成猪圈了。

你跟八戒去找个猪……啊不……找个住的地方，顺便准备一下午餐吧。

好嘞！

去给你找个猴儿圈。

恶龙，放开高贵美丽的公主。

啊，我英勇的骑士，快来救我啊！

桑乔，冲冲冲！

你们在玩儿什么游戏？

高贵的公主，我将带你回到你的城堡。

谢谢你，勇敢的骑士。

站住，你是恶龙请来的救兵吗？

这台词有点儿耳熟。

我们是来自中国的记者。

兰布拉大道

兰布拉大道是巴塞罗那市最著名的一条步行道，那里林荫茂密，从加泰罗尼亚广场一直延伸到地中海海边。除了各种杂货摊位，还有花卉市场、虫鸟市场、街头艺术家和众多奇异古怪的"真人雕塑"，绝不会让你觉得单调。

波盖利亚市场

　　波盖利亚市场是欧洲最大的菜市场，也是巴塞罗那最古老、最具生活气息的市场，当地人对这儿尤为钟爱。繁多的摊位让人眼花缭乱，丰富而新鲜的蔬菜、水果、海鲜等，闪耀着令人愉悦的色彩，让这里成为美食爱好者和摄影爱好者的聚集地。

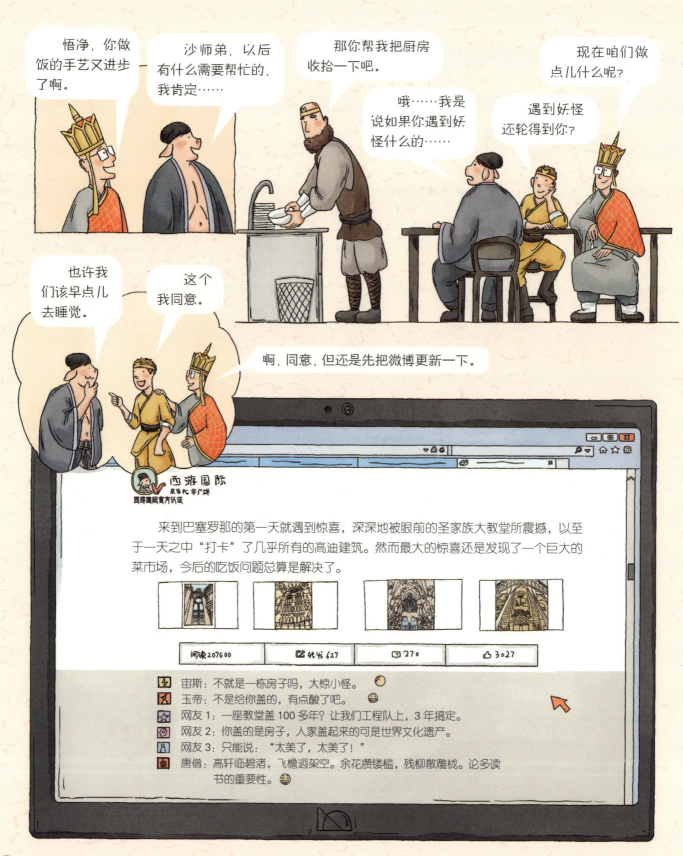

叠人塔

叠人塔是加泰罗尼亚文化独有的、非常流行的表演形式。每逢重大节日时，人们必会在城市的广场上伴着乐声叠起高高的人塔，这是团结和勇敢的象征。参与者需要彼此信任才能完成人塔。

嗨，佩雷斯，你怎么在这儿？

我在组织叠人塔，你们也来逛公园？

我们刚好约了来看人塔。

真有这么巧的事？

看，他们已经开始了。

他们为什么要咬着衣领？

大卫和琳娜已经开始往上爬了。

为了集中力量和精神，防止其他人踩到衣领打滑。

居然还有乐队。

悟空观察

这里的音乐并不只是为了烘托气氛，也是为了告诉队员们人塔进行到了哪一步。为了克服恐惧心理，确保安全，站在高处的队员是不能向下看的，音乐旋律可以起到提示搭建进度的作用。

爸爸，九层人塔，我们终于做到了！

做得好，孩子们！

你们真是太了不起了！

咱们回去，让妈妈做顿大餐庆祝一下。

耶！

辛苦了各位，去喝点儿东西吧，我买单！

悟空观察

目前最高的人塔是 9 层，高度可达 10 米以上，相当于四五层楼的高度。孩子们登上塔顶后举手示意，搭建完成。塔基核心的人需要承受极大的压力和缺氧状态，塔身的人要竭力保持稳定，而登顶的孩子则需要极大的勇气。

他们是在跳圆圈舞吗？

我们可以一起跳吗？

这是萨达纳，一种加泰罗尼亚特有的舞蹈。

最好别这样，除非你真的看懂怎么跳了。

小编插话

萨达纳舞在加泰罗尼亚地区是团结和自由的象征。表演时会有一组音乐家通过演奏乐器控制节拍。舞圈变大后就会按照夫妻、情侣、朋友等分解成几个小圈。如果游客贸然加入，尤其是闯入夫妻或情侣圈会打乱节奏，也是不礼貌的。

萨达纳舞对我们有特殊的意义，毕加索曾说它是"灵魂的共响"。

是一位西班牙画家。

师父，你怎么知道的？

毕加索是谁？

我曾看过他的《格尔尼卡》。

但我根本看不懂画的是什么……

他可是一位非常了不起的画家！

如果你问一个西班牙人毕加索是谁，他会觉得受到了冒犯。

哈哈，没那么严重，我来跟你们详细介绍一下。

啊……爸爸，我们还是赶快回家吧，我肚子有点饿了。

这个提议棒极了！

好吧，我们边走边说。

你为什么要打断呢，这不太礼貌吧。

我爸爸是个文化控，讲起这些没半小时停不下来的……

毕加索是西方现代派绘画的代表之一，他是现当代西方最有创造性和影响最深远的艺术家，也是20世纪最伟大的艺术天才之一，代表作品有《格尔尼卡》《和平鸽》《梦》《亚威农少女》等。

你们的院子可真漂亮。

谢谢，西班牙人的庭院是不能没有鲜花的。

哦，小·可爱们，我一直相信你们能做到的。

妈妈，九层人塔，我们做到了。

这是我跟你提到的在奔牛节上遇到的中国朋友。

欢迎来到巴塞罗那，佩雷斯跟我讲了你们的勇敢。

不值一提，不值一提，哈哈。

瞎谦虚什么。

亲爱的，我们是不是应该做顿大餐庆祝一下？

是个好主意，不过我可有得忙了。

妈妈，我们今天是不是可以不用写作业了？

是的，你俩到厨房来帮忙。

哈哈。

我们去写作业啦！

我先打个盹，吃饭时再叫我啊。

巴塞罗那真是一座美丽的城市。

是啊，塞万提斯曾说，这是世界上最美的城市。

八戒的行为是不礼貌的，小朋友不要学习哟！

这个塞万提斯又是?

你们还真是对西班牙一无所知啊。

不好意思,来西班牙是临时计划,没来得及做功课。

咱们从日本到英国,再到意大利,哪次做过功课?

塞万提斯在西班牙就像英国的莎士比亚和意大利的但丁。

哦,那真是很了不起了。

当然,他的代表作《堂吉诃德》也是大卫最喜欢的小说。

我看大卫非常喜欢骑士故事,是因为这个吗?

是的,有的人觉得堂吉诃德行为可笑,但有的人觉得他很可贵。

我最喜欢各国文学名著,这本书一定要读。

我来给你们详细说说……

又开始了……

半小时后

塞万提斯被誉为西班牙文学世界里最伟大的作家,对西班牙语言影响重大,其作品《堂吉诃德》讲述了一位沉迷于骑士小说的乡绅堂吉诃德带着仆人桑丘游历西班牙,"行侠仗义"的荒诞故事。这部小说是西班牙古典艺术的高峰,堂吉诃德则被称为"欧洲最后的骑士"。

准备吃饭了。

终于结束了……

二师兄,吃饭啦。

啊?吃饭了!

八戒的行为是不礼貌的,小朋友不要学习哟!

热情的弗拉明戈

弗拉明戈舞和斗牛并称为西班牙两大国粹。弗拉明戈舞形成于"流浪的民族"吉普赛人，在西班牙的安达卢西亚地区非常流行。它热情、有力、奔放、刚健，表达着一种苦难中的挣扎和不愿受到拘束的生活态度，往往让人们感到酣畅淋漓，非常具有西班牙文化特色。

> 今天有远方来的客人，跳一段弗拉明戈怎么样？

> 这个……

> 妈妈，跳一段吧。

> 跳吧跳吧。

> 你不是一直希望更多人了解弗拉明戈吗？今天是个好机会。

> 你说得没错，那我去换件衣服。

> 欧耶，我爱弗拉明戈。

> 妈妈跳的弗拉明戈可是最棒的！

小编插话

弗拉明戈虽然是西班牙的国粹之一，但相对于国标、芭蕾、街舞等并不是主流舞蹈。许多弗拉明戈舞者都在力图推广。

> 先生们，为了表示欢迎，请你们欣赏一段舞蹈。

> 那真是太荣幸了，非常感谢。

> 西班牙朋友还真是热情啊。

> 有什么我们能帮忙的吗？

> 我需要简单布置一下舞台。

> 悟净，你去帮帮佩雷斯先生吧。

> 好的。

弗拉明戈的服装与道具

弗拉明戈舞者的服装往往非常艳丽，以红色最具代表性，表演时会有伴唱和吉他、响板的伴奏。

披肩
源于吉普赛人流浪时用于防寒防尘的披肩。

响板
西班牙的一种民间打击乐器，弗拉明戈舞特色道具之一，用红木或乌木等坚硬的木材制成，形状如贝壳，雌雄一对。雄响板声音低沉浑厚，雌响板声音尖锐高亢，因而能够演奏出丰富的节奏，展现出弗拉明戈的热情与奔放。

折扇
西班牙折扇大部分是丝织品，四周镶着花边，在西班牙甚至整个欧洲，折扇是女人专用。

弗拉明戈舞鞋
一种比较重的硬底高跟鞋。用鞋掌、鞋尖、鞋跟击地踏响，节奏明快。

56

我从中感受到激情、骄傲和挣脱束缚的独立、坚定。

是的，很多舞蹈都是跳给别人看的，但弗拉明戈是为自己而跳的。

小编插话

想更多地了解弗拉明戈这种舞蹈，可以在网络上搜索相关视频。这里向大家推荐西班牙国宝级弗拉明戈舞蹈家萨拉·巴拉斯。

圣梅塞尔节是正式比赛的日子，那天我们会正式挑战九层人塔。

其实一般在节日上都会有人塔比赛。比如复活节、圣胡安节、加泰罗尼亚大区节……我可以详细说说。

快走快走……

节日的国度

有人说西班牙的特产之一就是节日，除了圣诞节、复活节等西方常见节日，全国各地也都有自己的特色节日，全年节日有 200 多个。可以说西班牙人每天不是在过节，就是在准备过节。

圣安东尼节

每年 1 月 16 日，人们会骑马穿过篝火，庆祝圣安东尼节。他们认为，让动物跨越火焰可以获得庇佑，这也是他们展示自己勇气的机会。

加的斯狂欢节

这是整个西班牙最著名的大型节日之一，它的主题是幽默和创意。人们会穿着华丽的服装游行并进行街头狂欢。服饰多彩，表演幽默，整个城市都沉浸在欢歌笑语中。

三王节

西班牙的三王节，也是他们的儿童节，时间是每年的 1 月 6 日。这天大人小孩都会放假，各大城市将举行盛大的游行，节日高潮是三位国王扮演者向人群抛撒糖果，所有人此刻仿佛都成了孩子。

圣周

从每年复活节的前一周开始，持续一周的时间。圣周是西班牙最重要的节日之一，在那期间，每天都会有不同主题的游行。

摩尔人和基督徒节

每年的 4 月 22 日～24 日，在阿利坎特的比列纳小镇举办，是为了纪念西班牙在光复运动中击退摩尔人，重新夺回领土。游行队伍分为"摩尔人"和"基督徒"两个阵营，期间会再现当年的战争场面，那时整个城镇将充满震耳欲聋的枪炮声。

法雅节

瓦伦西亚最盛大的节日之一，每年 3 月 12 日～19 日，街头会陈列无数制作精美的法雅木偶（纸质玩偶），期间还有烟花秀、选美、斗牛和各种游行活动，最后以焚烧法雅，迎接春天作为活动高潮。

四月春会

持续一周的四月春会是塞维利亚最受欢迎的节日之一。人们穿着传统安达卢西亚服饰，全城洋溢着热情的音乐。斗牛、烟花表演、舞蹈和众多的美食让人目不暇接。

科尔多瓦庭院节

每年 5 月的上旬，安达卢西亚的科尔多瓦将会被无数鲜花装点。人们会自豪地向游人展示精心装点的庭院，热情的主人可能还会邀你欣赏弗拉明戈，品尝可口的点心。

圣胡安仲夏节

从 6 月 23 日开始，持续一周，人们用燃烧的火焰"净化"自己，期间有跨越火焰、走火坑、花车游行等活动。最后一天人们会在海滩上，伴着篝火和烟花欢宴一整夜，迎接新一天的太阳。

泼酒节

西班牙拉里奥哈的哈罗小镇，每年的 6 月 29 日会用"红酒大战"的方式庆祝葡萄的丰收。人们使用灌满红酒的玩具水枪、喷壶、塑料瓶等各种道具相互泼洒，场面热烈。

海盗节

西班牙卡托伊拉镇"维京海盗节"在每年 8 月的第一个周日举行，庆祝活动的主要看点是表演海盗登陆，镇上的居民奋起抵抗。之后双方和好，进行野餐，娱乐活动一直持续到晚上。

西红柿节

每年 8 月的最后一个星期三，布尼奥尔镇将会举行著名的"西红柿大战"。好几卡车的西红柿就是你手中的"弹药"，对战相当热烈，记得把西红柿捏烂了再出手。

格拉西亚节

每年的 8 月 15 日在巴塞罗那举行，持续一周。节日的主要活动是评选最美的街道，居民们会发挥无穷的设计与创造才能，来装点街道。期间还会有音乐表演和各种体验活动。

西班牙狂欢节

在"圣周"之前的 40 天举行，源于 1492 年西班牙的统一光复，是西班牙最重要的节日之一。每年的这时候，西班牙人都会举行各种歌舞活动、大型化装巡游活动等。

圣梅尔塞节

圣梅尔塞节一般在 9 月举行，用来纪念巴塞罗那的守护神梅尔塞，是巴塞罗那一年中最盛大的节日。节日期间会有游行、叠人塔和烟火晚会、烟花狂奔等活动。

跨婴节

大约复活节结束 60 天后，在西班牙北部的布尔戈斯镇举行。当地家长非常重视这个节日，他们认为当"恶魔"从婴儿身上跳过去之后，可以净化这些婴儿，使他们免于疾病侵害。

小编插话　西班牙人喜欢过节，而且有充足的时间过节。他们有"桥假"的习惯，比如周四是节日，那周五加上周末就一起休息，就变成了 4 天假期；如果周二是节日，那周末连带周一也一起休了。羡慕吧！

我们西班牙人过节可是认真的，哈哈！

西班牙的节日真丰富啊。

哦！真丰富啊……真丰富……

你们下一步准备去哪儿呢？

说实话，还没想好。

那我推荐你们去安达卢西亚，那里见证了西班牙辉煌的"双王"时代。

双王？我听说一山不容二虎，怎么会有两个国王？

我猜他们是夫妻。

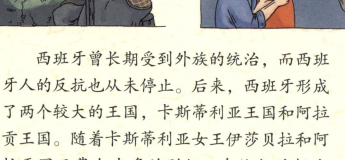

是的，他们来自不同的王国，而且都是国王。

他们还实现了西班牙的统一。要来杯咖啡吗？

西班牙曾长期受到外族的统治，而西班牙人的反抗也从未停止。后来，西班牙形成了两个较大的王国，卡斯蒂利亚王国和阿拉贡王国。随着卡斯蒂利亚女王伊莎贝拉和阿拉贡国王费尔南多的联姻，在他们的努力下，西班牙得以光复，实现了统一，并为后来强盛的西班牙帝国奠定了基础。

他们住过的宫殿至今还保留在安达卢西亚，现在已经成了旅游胜地。

在西班牙的帝国时代，那里可以说是欧洲最受关注的地方。

谢谢你们，让我们了解了这么多关于西班牙的事情。

这么说来，我们确实应该去见识一下了。

哈哈，你们不嫌我们啰唆就好。

我们一直致力于西班牙文化的传播，一开口就停不下来。

哎呀，都半夜两点了，悟净，快去叫他们下来。

好的，师父。

我上去看看孩子们。

ZZz Zzz Zzzz ZzZ ZZZ Zzzz

巴塞罗那被誉为"伊比利亚半岛的明珠"。来到黄金海滩的棕榈树下，躺在细软而温暖的沙滩上，听着地球呼吸般的阵阵海浪，观赏享誉世界的地中海风光，无论多么疲惫的身心，在这里都能得到彻底放松。

西游国际
来自北京户端
西游国际官方认证

巴塞罗那给了我们太多的惊喜，热情与勇敢是西班牙永恒的主题，这些已经融入他们生活的方方面面。而高迪、毕加索和塞万提斯又让我们明白，西班牙有的不仅仅是热情与勇气，还有深厚的文化和艺术积淀。接下来，我们将去探访安达卢西亚，见证西班牙曾经的辉煌历史。

阅读 276 000   转发 627   260   3020

哪吒：这么好玩的地方你们居然不叫上我？
悟空：想叫你也得领导批准呀。
哪吒：凭我的本事偷偷过去几天谁能知道。
玉帝：我现在可知道了啊。
网友1：毕加索的画感觉跟我的涂鸦差不多，为什么他的能被放进艺术馆？
网友2：因为画画的人是毕加索。
网友3：我上次去西班牙，刚到兰布拉大道相机就丢了。

安达卢西亚

安达卢西亚是西班牙最南端的一个大区，南部隔着一条窄窄的直布罗陀海峡，对面就是非洲大陆，东边临着美丽的地中海，西侧是汹涌的大西洋。这里是欧洲与东方文化、非洲文化交汇的大门。500多年前，哥伦布就是从这里扬起了开辟新航路的风帆。

塞维利亚王宫

塞维利亚王宫是欧洲最古老的皇家宫殿之一，著名的世界文化遗产。这座宫殿已经有近1000年历史，光修建就用时500多年，结合了伊斯兰元素和欧洲中世纪建筑风格。

塞维利亚大教堂

塞维利亚大教堂是欧洲第三大教堂，是世界文化遗产。它原本是一座大清真寺，后被改建为天主教堂，因此融合了伊斯兰教和基督教的双重风格，雄伟壮观。教堂内还有一座博物馆，陈列着各种精美的金银器具和艺术珍品，航海家哥伦布也长眠在这里。

科尔多瓦大清真寺

科尔多瓦大清真寺是东西方文化交融的代表建筑，前后修建了200多年才完工。最著名的是那令人眼花缭乱的长廊和红白相间、两层重叠的马蹄形大理石柱。

阿尔罕布拉宫

阿尔罕布拉宫有"西班牙故宫"之称，带有浓厚的伊斯兰风格，是座美丽的阿拉伯式宫殿。那些错综复杂的花纹、镶嵌式墙壁、美丽的雕塑和精致的花园让这座宫殿美轮美奂。

佩雷斯说，哥伦布就是在这里受到西班牙双王接见的。

那咱们就出发吧！

伟大的航行

在欧洲的中世纪，人们还普遍认为大地是一个平面，整个世界只有亚洲、欧洲、非洲三块大陆，其余地方都是茫茫大海。直到哥伦布航海，人们才开始重新认识自己所生存的世界。

我们想拜见两位国王陛下。

我们来自中国，来做文化考察。

啊，中国，国王陛下会非常乐意接见你们的，请跟我们来。

国王是想见就见的吗，看你们怪模怪样的，是什么人？

我们听说两位陛下的大名，特地到这里来拜见。

今天真是个好日子，不是吗？

是啊，我们光复了最后一块土地，又见到了来自中国的客人。

这里面真漂亮，跟外面完全不一样。

这种时候，一般都会有一场宴席吗？

哈哈，说得对，一场盛宴最合适不过了。

陛下，克里斯托弗·哥伦布求见。

是我让他来的，我希望您重新考虑他的远洋计划。

好吧，既然你坚持，就给他一次机会，如果他能说服我的话。

在下克里斯托弗·哥伦布，见到你们非常荣幸。

几位是来自中国的客人。

哥伦布，你的计划我们看过了，但你要怎么说服我呢？

西班牙刚刚统一，要强大起来，必须寻求和东方贸易。

确实如你所说。

葡萄牙在探索绕过非洲去东方的航线，不会允许西班牙插手。

这个我们都知道。

所以，西班牙只能寻找其他航路，向西航行。

你说是东方，却要向西航行，这简直可笑。

地球是球体，向西航行照样可以到达东方。

但至今还没有人能证明地球是球体，不是吗？

陛下，在我们那里，小·孩子都知道地球是圆的。

好吧，但大西洋是不可能穿越的，从来没有人这样做过。

我看到餐盘里有一颗鸡蛋，谁能把它竖起来，我出1000金币。

可恶，这怎么可能……

金币……

没有人能把它竖起来。

我可以！

啪！

但你把鸡蛋打破了。

是的，没有谁说过不能把鸡蛋打破。

这太简单了，小·孩子都能做到。

1492 年 8 月 3 日，哥伦布率领三艘木质帆船以及水手约百人，开启了横渡大西洋的航行。在造船和航海技术还不发达的 15 世纪，出海远航可并不是什么浪漫的事，一场风暴、一个巨浪都足以让整艘船葬身海底。

1492年10月12日，在经历了两个多月的艰苦航行之后，哥伦布及他的船队完成了人类首次横渡大西洋的壮举，到达了美洲。西班牙将当年的10月12日定为国庆日。

但哥伦布并不知道这是一块对于欧洲人来讲的全新的大陆，于是给当地居民取了一个跟他们完全不沾边的名字"印第安人"，也就是"印度人"的意思，这个称呼一直沿用到今天。虽然有人也曾提出质疑，但哥伦布至死都坚持自己到达的是印度。

图书在版编目（CIP）数据

翻个筋斗去西班牙 / 恐龙小Q儿童教育中心编. —— 成
都：天地出版社，2022.1
（西游记者）
ISBN 978-7-5455-6675-8

Ⅰ．①翻… Ⅱ．①恐… Ⅲ．①旅游文化－西班牙－青
少年读物 Ⅳ．①F595.51-49

中国版本图书馆CIP数据核字(2021)第237962号

FAN GE JINDOU QU XIBANYA

翻个筋斗去西班牙

出 品 人	杨 政
编 者	恐龙小Q儿童教育中心
责任编辑	曾 真
装帧设计	王娇龙
责任印制	白 雪

出版发行　天地出版社
（成都市槐树街2号 邮政编码：610014）
（北京市方庄芳群园3区3号 邮政编码：100078）
网　　址　http://www.tiandiph.com
电子邮箱　tianditg@163.com

印 刷	昌昊伟业（天津）文化传媒有限公司
版 次	2022年1月第1版
印 次	2022年1月第1次印刷
开 本	889mm×1194mm 1/16
印 张	5
字 数	320千（全4册）
定 价	180.00元（全4册）
书 号	ISBN 978-7-5455-6675-8

咨询电话：（010）51145692
（028）87734639（总编室）

恐龙小 Q

　　恐龙小 Q 是大唐文化旗下一个由国内多位资深童书编辑、插画家组成的原创童书研发平台，下含恐龙小 Q 少儿科普馆（主打少儿科普读物）和恐龙小 Q 儿童教育中心（主打儿童绘本）。目前恐龙小 Q 拥有成熟的儿童心理顾问与稳定优秀的创作团队，并与国内多家少儿图书出版社建立了长期密切的合作关系，无论是主题、内容、绘画艺术，还是装帧设计，乃至纸张的选择，恐龙小 Q 都力求做到最好。孩子的快乐与幸福是我们不变的追求，恐龙小 Q 将以更热忱和精益求精的态度，制作更优秀的原创童书，陪伴下一代健康快乐地成长！

原创团队

策 划 人：李　鑫
艺术总监：蘑　菇
统筹编辑：毛　毛
创作编辑：陶胜杰
绘　　画：焦金禹　李　昊　李佳宝
设　　计：王娇龙　乔景香